스튜디오
없는 연출사진
OK

디자이너가
필요없는 프로모션
OK

전문가처럼
사진 편집
OK

사진 한두 장으로
영상 만들기
OK

AI 디자인 for e-커머스.

AI 디자인 for e-커머스.

지은이 지성민 **1쇄 발행일** 2025년 4월 16일

펴낸이 임성춘 **펴낸곳** 로드북 **편집** 장미경 **디자인** nuːn(표지), 심용희(본문)

주소 서울시 동작구 동작대로 11길 96-5 401호

출판 등록 제 25100-2017-000015호(2011년 3월 22일)

전화 02)874-7883 **팩스** 02)6280-6901

정가 27,000원 **ISBN** 979-11-93229-33-0 93000

이메일 chief@roadbook.co.kr **블로그** https://roadbook.co.kr

프롤로그

제품 연출 사진을 찍을 경우 장소와 소품과 작가가 필요합니다.

사진 편집을 할 경우 편집 전문가가 필요합니다.

영상을 만들 경우 영상 전문가가 필요합니다.

광고를 만들 경우 광고 전문가가 필요합니다.

옷을 판매할 경우 피팅 모델이 필요합니다.

프로모션을 진행할 경우 디자이너가 필요합니다.

이 책을 읽으신 후 전문가가 필요할까요?

추천의 글

AI 기술의 발전으로 예술 창작의 문턱이 낮아지면서 이제는 누구나 AI 툴을 활용해 쉽고 빠르게 그림을 그릴 수 있으며, 창의적인 아이디어를 시각적으로 표현하는 것이 더욱 자유로워졌습니다.

그럼에도 불구하고 아직은 생소한, 그러나 안하고 있으면 어쩐지 불안한 AI 툴의 시대이기도 합니다.

이 책은 AI를 이용한 그림 그리기의 기초부터 실전 활용법까지, 그리고 스틸 이미지에서 동영상까지 체계적으로 안내함과 동시에 분명한 목표의식을 가질 수 있도록 구성되어 초보자도 포기하지 않고 쉽게 따라 할 수 있음은 물론이고 궁극적으로 AI와 인간의 협업이 만들어내는 새로운 예술적 가능성까지도 탐구합니다.

AI로 창작을 시작하고 싶은 분들께 이 책을 적극 추천 드리며, 이미지의 조물주가 되어 새로운 표현 방식과 창작의 즐거움을 경험해 보시기 바랍니다.

김학민 _한양사이버대학교 디자인대학원 전임 교수

AI에 대한 이야기는 넘쳐나지만, 막상 실무에서 써 본 사람은 그 어려움을 압니다. 생각보다 이렇게 써먹어야 할지 막막하고, 기대했던 결과물을 얻어내는 것도 쉽지 않다는 사실 말입니다. 이 책은 그런 고민에 제대로 된 답을 보여줍니다. 이커머스 실무에서 마주하는 고민들을 정확히 짚고, 복잡한 설명 대신 쉽게 따라 할 수 있는 것들을 하나하나 풀어 놓습니다. 이 과정에서 누구나 멋진 브랜드 이미지를 만들어내고, 브랜드 성장을 이끄는 힘을 갖추게 됩니다. AI를 실무에 적용하는 능력은 최근 채용 시장에서 한발 앞서 나가는 방법이기도 합니다. 이 책에서 안내하는 과정을 따라 하다 보면, 업무 효율성을 높이는 것을 넘어 커리어에서도 차별화된 경쟁력을 갖출 수 있을 것입니다.

김진욱 _커리어 플랫폼 Surfit Founder

이커머스 디자인 분야의 디자이너라면 반드시 한 번쯤 읽어봐야 할 책입니다. 특히 지금 하고 있는 업무에 AI를 어떻게 활용할지 고민 중이라면, 이 책은 꼭 읽어 보시기를 추천합니다.

비주얼 디자인에 AI를 결합하여 구체적인 결과물을 만들어내는 방법을 제시하고 있어, 레시피 북처럼 활용할 수 있습니다. 어떤 상황에서 어떤 AI 툴을 어떻게 사용해야 할지에 대한 구체적인 가이드를 제공하여, 디자인 프로세스를 개선하고 효율성을 높이는 데 큰 도움이 될 것입니다.

하이서 _피그마 튜터

생성형 AI를 활용한 디자인 기법들은 대체로 긴 프롬프트가 필요해 부담스러울 때가 많습니다. 하지만 이 책은 이미지와 영상 작업에 유용한 핵심 주제들을 쉽고 간결하게 정리해, 누구나 부담 없이 활용할 수 있도록 도와줍니다. 특히, 마지막 장에서 다룬 구독 취소 방법 안내는 다양한 AI 툴을 자유롭게 탐색할 수 있도록 배려한 저자의 세심한 센스를 보여줍니다.

최현희 _S금융 UI/UX Designer

이 책은 다양한 생성형 AI 서비스를 활용하여 손쉽게 이미지를 보정하는 방법을 소개합니다. 특히 초보자도 쉽게 따라할 수 있도록 단계별로 차근차근 방법을 제시하고 이미지 생성에 최적화된 프롬프트 예시를 통해 효과적인 프롬프트 엔지니어링 기술을 익힐 수 있습니다. AI는 점점 더 디자인 업무를 자동화하며 디자이너의 역할을 변화시킬 것입니다. 그러나 AI를 능숙하게 활용하는 디자이너는 작업 시간을 단축하는 것은 물론, 더 다양한 이미지를 창의적으로 만들어낼 수 있습니다. 실무에서 생성형 AI를 활용하고 싶지만 어디서부터 시작해야 할지 막막한 디자이너에게 이 책을 추천합니다.

고주희 _스켈터랩스 AI Product Designer

이 책은 AI를 이용해 아이디어에 현실감을 부여할 수 있는 구체적인 방안을 제시하는 실용적인 안내서입니다. 저자는 AI에 대한 추상적인 이야기가 아닌, 작은 단위로 체감할 수 있는 AI 디자인 사례를 소개함으로써 독자가 직접 적용해 볼 수 있도록 도와줍니다.

가장 인상적인 부분은 아이디어를 현실로 옮기는 과정이 AI를 통해 얼마나 빠르고 다채롭게 구현되는지를 보여주는 대목입니다. 이전에는 상상에 그쳤던 아이디어들이 AI의 도움으로 구체적인 형태를 갖추며, 경험의 아이디어가 더 넓고 깊게 확장되는 과정은 실로 경이롭습니다. 디자이너라면 이 책을 통해 AI를 활용한 실질적인 워크플로우를 익히고, 막연했던 아이디어를 손에 잡히는 결과물로 만들어 볼 수 있을 것입니다.

유지형 _SK C&C UX Manager

AI를 활용하는 디자이너가 경쟁력을 갖는 시대.

AI 활용은 단순한 '편리함'의 문제가 아니라 AI를 활용할 줄 아는 디자이너와 그렇지 않은 디자이너의 경쟁력은 점점 더 벌어질 것입니다. AI는 이제 하나의 '툴'이 아닌 디자이너가 더 나은 가치를 만들어 낼 수 있도록 돕는 '필수 도구'가 되어가고 있습니다.

이 책이 특히 좋은 이유는 단순히 AI 툴과 사이트를 나열하는 것이 아니라, 실제 실무에서 활용할 수 있는 검증된 도구들과 그 사용법을 정리해 놓았다는 점입니다. 수많은 AI 사이트를 하나하나 비교하고 테스트하는 데 시간을 쏟지 않아도 됩니다. 어떤 기능이 어떤 상황에서 유용한지까지 쉽게 정리되어 있어, 바로 실무에 적용할 수 있습니다.

아직도 포토샵으로 한 땀 한 땀 리터칭을 하고 있거나, AI 활용이 막연하고 어렵게만 느껴진다면 이 책을 꼭 추천합니다. 한 번 익혀두면 단순한 시간 절약이 아니라, 작업 방식 자체가 바뀌는 경험을 하게 될 것입니다. AI 시대, 디자이너는 단순 반복 작업을 줄이고 더 크리에이티브한 역할을 수행해야 합니다. 이 책은 그 출발점이며 AI 활용 백서입니다.

이준기 _BX Designer

이 책의 특징과 학습 방법

어느 페이지를 펼쳐도 e-커머스에 필요한 디자인 실습 예제가 나올 수 있게 예제 중심의 책으로 만들었습니다.

각 장의 앞부분에 제목과 상황 설명, 대표 이미지를 통해 "아~ 내가 만들고 싶은 거야" 하면, 바로 그 부분을 학습하여 익히고 내가 구현하고 싶은 걸 만들면 됩니다.

미리보기

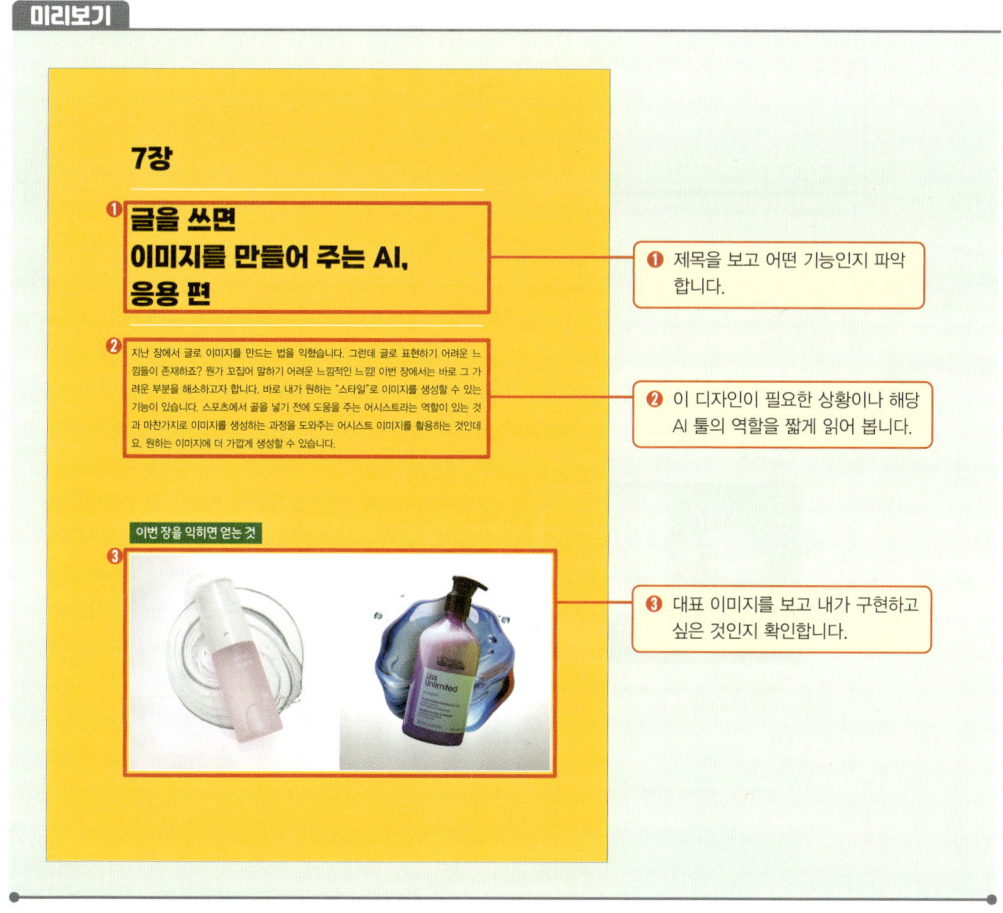

따라하는 각 단계를 확실하게 구분하여 독자가 헷갈리지 않고 쉽게 학습할 수 있게 했습니다.

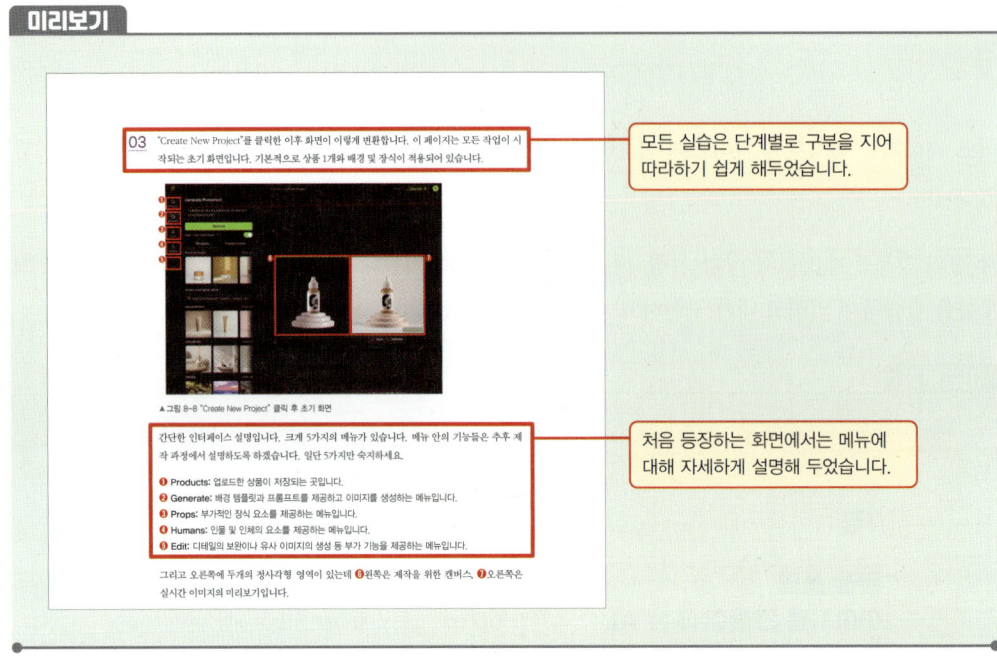

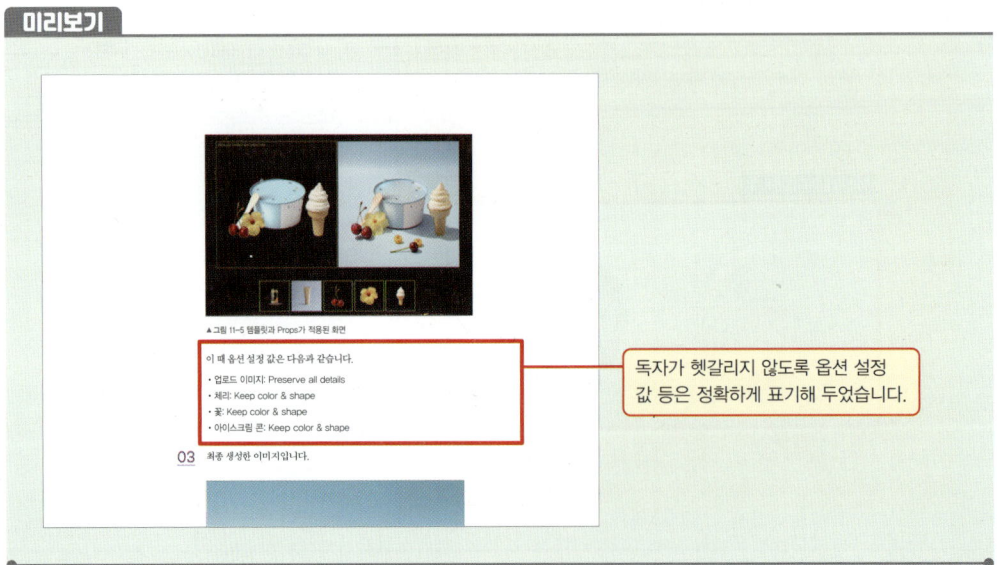

책장을 가볍게 넘겨보면서 이미지들 사진만 보고서도 여러분이 구현하고 싶은 게 있으면 당장 그 챕터를 학습하시면 됩니다. 아래와 같이 크루아상 빵을 왼쪽처럼 장식해주는 예제인데, 이와 비슷한 상황의 이미지를 연출하고자 할 때 해당 챕터를 학습해 보세요.

미리보기

제품을 더 빛나게 하고 싶을 때 이 예제를 따라하며 익히기만 하면 됩니다.

AI 툴을 제대로 사용하려면 유료로 구독해야 하는 경우가 많습니다. 구독 취소가 까다로운 경우가 있는데, 이 책에 나오는 모든 툴에 대해 유료 구독을 할 경우 구독 취소하는 방법 역시 쉬운 따라하기 식으로 마지막에 부록으로 정리해 두었습니다.

미리보기

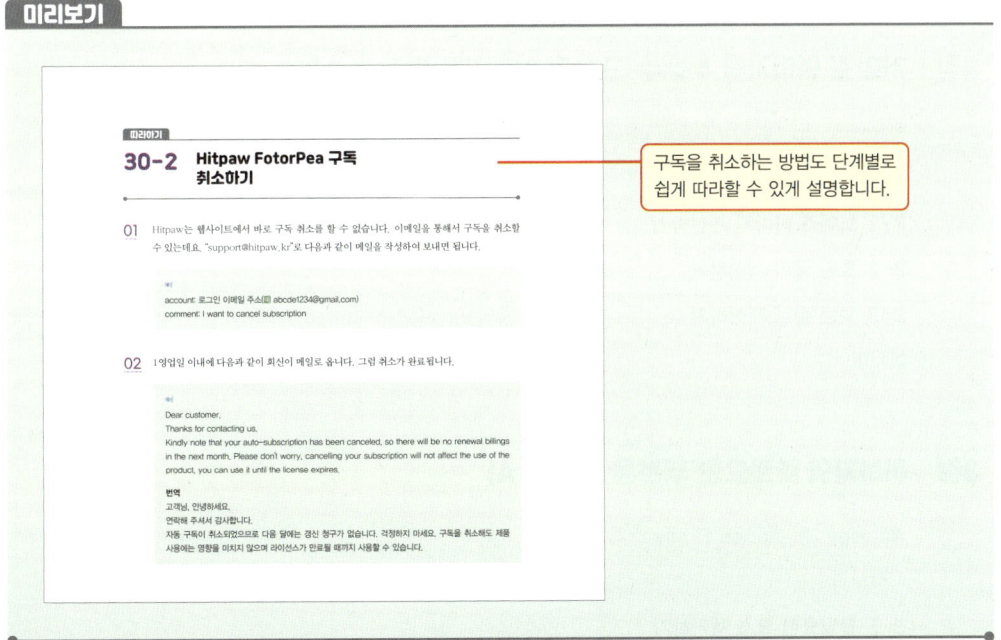

구독을 취소하는 방법도 단계별로 쉽게 따라할 수 있게 설명합니다.

이 책은 AI로 할 수 있는 e-커머스에 필요한 디자인의 거의 모든 것의 학습 레시피입니다. 옆에 두고 필요할 때마다 꺼내 보며 학습하고 나의 스킬로 만들어 보기를 바랍니다.

차례

프롤로그   3
추천의 글   4
이 책의 특징과 학습 방법   7

1장   저화질 이미지를 2 배수 고화질 이미지로 바꾸는 AI

Warming Up_Remini AI 소개   20
시작하기   21
1-1 저화질 이미지 개선하기   22
1-2 흐린 이미지 개선하기   24
1-3 모자이크 이미지 개선하기   26
마치며   28

2장   저화질 이미지를 4 배수 고화질 이미지로 바꾸는 AI

Warming Up_Hitpaw FotorPea 소개   30
시작하기   31
2-1 노이즈 이미지 개선하기   32
2-2 흐린 글씨 개선하기   35
2-3 흐린 질감 개선하기   37
마치며   38

3장   이미지의 불필요한 부분을 지우는 AI

Warming Up_Adobe Firefly 소개   40
시작하기   41
3-1 불필요한 요소 제거하기   42
3-2 불필요한 배경 제거하기   45
3-3 배경만 남겨보기   47
마치며   48

4장 이미지에 요소를 바꾸거나 추가하는 AI

Warming Up_Adobe Firefly 활용, 두 번째	50
4-1 제품 주변에 장식 요소 추가하기	51
4-2 제품 안에 빠진 요소 추가하기	54
4-3 이미지 안의 요소를 바꾸기	56
마치며	57

5장 이미지의 빈 공간을 채워주는 AI

Warming Up_Adobe Firefly 활용, 세 번째	60
5-1 간단한 배경 채우기	61
5-2 복잡한 배경 채우기	64
5-3 원근감이 느껴지는 배경 채우기	66
5-4 요소의 형태 연장하기, 첫 번째	68
5-5 요소의 형태 연장하기, 두 번째	70
마치며	72

6장 글을 쓰면 이미지를 만들어 주는 AI, 기초 편

Warming Up_Adobe Firefly 활용, 네 번째	74
6-1 코스메틱 분야에 유용한 이미지 만들기	75
6-2 반려동물 분야에 유용한 이미지 만들기	84
6-3 건강식품 분야에 유용한 이미지 만들기	85
6-4 주방 용품 분야에 유용한 이미지 만들기	86
6-5 가족, 건강 분야에 유용한 이미지 만들기	87
6-6 스포츠 용품 분야에 유용한 이미지 만들기	88
마치며	89

7장 글을 쓰면 이미지를 만들어 주는 AI, 응용 편

Warming Up_Adobe Firefly 활용, 다섯 번째	91
7-1 화려한 스타일 이미지 만들기	92
7-2 자연스러운 조명 적용하기	99
7-3 자연스러운 인물 이미지 만들기	101

7-4 실루엣 이미지 만들기	105
마치며	108

8장 제품 사진만 있으면 스튜디오 촬영처럼 연출해 주는 AI

Warming Up_Flair AI 소개	110
8-1 기본 제작 원리를 이해해보는 예제	113
마치며	125

9장 화장품 사진만 있으면 스튜디오 촬영처럼 연출해 주는 AI

Warming Up_Flair AI 활용, 첫 번째	128
9-1 담백하고 깨끗한 연출하기	129
9-2 크림 질감 구현하기	131
9-3 립스틱 2개 연출하기	133
9-4 자연과 하나되는 연출하기	135
9-5 제품을 기울여보기	137
9-6 떠 있는 구도 연출하기	139
마치며	141

10장 패션/잡화 제품 사진만 있으면 스튜디오 촬영처럼 연출해 주는 AI

Warming Up_Flair AI 활용, 두 번째	144
10-1 주얼리를 고급스럽게 연출하기	145
10-2 가방을 천으로 감아보기	147
10-3 신발 2개를 마주 보도록 연출하기	150
10-4 샌들을 해변에 놓아보기	152
10-5 귀걸이를 모델에게 착용해 보기	154
10-6 모자를 모델에게 착용해 보기	156
마치며	157

11장 음식 사진만 있으면 스튜디오 촬영처럼 연출해 주는 AI

Warming Up_Flair AI 활용, 세 번째	160
11-1 절인 올리브 병 주변에 올리브 배치하기	161
11-2 아이스크림 주변을 장식하기	163

11-3 빵을 접시에 담고 주변을 장식하기	165
11-4 투명한 찻잔 연출하기	167
11-5 원하는 배경을 적용하기	169
마치며	172

12장 전자제품 사진만 있으면 스튜디오 촬영처럼 연출해 주는 AI

Warming Up_Flair AI 활용, 네 번째	175
12-1 가습기에 스팀 효과 연출하기	176
12-2 콘크리트와 랩탑의 조화	178
12-3 뾰족한 돌과 스마트폰의 조화	180
12-4 스마트 워치를 몽환적으로 연출하기	182
12-5 핸디 선풍기를 손으로 잡은 연출하기	185
마치며	186

13장 인테리어/소품 사진만 있으면 스튜디오 촬영처럼 연출해 주는 AI

Warming Up_Flair AI 활용, 다섯 번째	189
13-1 석고상과 소품을 조화롭게 연출하기	190
13-2 펜던트 조명 연출하기	192
13-3 원형 테이블 연출하기	194
13-4 거실 장 연출하기	196
13-5 의자 연출하기	199
마치며	201

14장 야외 촬영처럼 연출해 주는 AI

Warming Up_Flair AI 활용, 여섯 번째	204
14-1 텀블러를 아웃도어 스타일로 연출하기	205
14-2 텐트를 바닷가에 놓아보기	207
14-3 자동차 이미지 연출하기	209
14-4 모델 이미지 연출하기	211
14-5 안경을 모델에게 착용해 보기	213
마치며	215

15장   옷 이미지만 있으면 피팅 모델이 착용한 이미지를 만들어 주는 AI, 기초 편

Warming Up)Flair AI 활용, 일곱 번째 — 218
15-1 옷에 맞는 가상의 피팅 모델 생성하기 1 — 219
15-2 옷에 맞는 가상의 피팅 모델 생성하기 2 — 226
마치며 — 228

16장   옷 이미지만 있으면 피팅 모델이 착용한 이미지를 만들어 주는 AI, 응용편

Warming Up_Flair AI 활용, 여덟 번째 — 231
16-1 블라우스 피팅 모델 만들기 — 232
16-2 가죽 재킷 피팅 모델 만들기 — 234
16-3 니트 카디건 피팅 모델 만들기 — 236
16-4 주름 스커트 피팅 모델 만들기 — 238
16-5 정장 피팅 모델 만들기 — 240
16-6 셔츠 피팅 모델 만들기 — 242
마치며 — 243

17장   Flair AI, 추가 팁 정리

Warming Up_Flair AI 활용, 아홉 번째 — 245
17-1 고급스럽게 연출하는 팁 — 246
17-2 글씨가 있는 제품 연출하기 — 247
17-3 투명한 제품 연출하기 — 249
17-4 검색 기능 활용하기 — 251
17-5 프롬프트 활용하기 — 253
마치며 — 256

18장   모델의 얼굴을 바꿔주는 AI, 기초 편

Warming Up_Deepswapper 소개 — 259
가입하기 — 260
시작하기 — 261
18-1 예제를 통해 따라하기 — 262
18-2 응용하기 — 267
마치며 — 268

19장 모델의 얼굴을 바꿔주는 AI, 응용 편

Warming Up_Deepswapper 활용, 두 번째	271
19-1 얼굴의 각도가 유사한 경우	272
19-2 눈을 감았을 경우	274
19-3 안경을 착용한 경우	276
19-4 수염이 있을 경우	278
19-5 얼굴 바꾸기가 구현되지 않는 경우	280
마치며	282

20장 이미지만 있으면 영상을 만들어 주는 AI

Warming Up_Runway ML 소개	285
20-1 이미지 두 장으로 10초짜리 영상 만들기 기초	286
마치며	293

21장 이미지 두 장으로 다양한 영상 만들기

Warming Up_Runway ML 활용, 첫 번째	295
21-1 데님 상하의를 입은 여성 영상 만들기	296
21-2 모델의 앞모습을 옆으로 90도 회전하는 영상 만들기	298
21-3 남성 모델 사진으로 벽을 짚는 자세의 영상으로 만들기	299
21-4 여성 모델의 카메라 줌 아웃 영상 만들기	300
21-5 스케이트 보드 모델의 역동적인 움직임 구현하기	301
21-6 키즈 모델의 상반신을 시작으로 전신을 부각하는 영상 만들기	302
마치며	303

22장 이미지 한 장으로 영상을 만들기

Warming Up_Runway ML 활용, 두 번째	305
22-1 패딩을 입은 여성	306
22-2 전신의 움직임 구현	308
22-3 앉은 자세의 모델	309
22-4 에코백의 움직임	310
22-5 클로즈업 상태의 토트백	311

22-6 모델 뒤로 지나가는 자동차	312
22-7 클로즈업과 로우 앵글, 머리카락의 움직임	313
마치며	314

23장 이미지 한 장과 프롬프트의 활용, 카메라 움직임

Warming Up_Runway ML 활용, 세 번째	317
23-1 카메라 줌인 연출하기	318
23-2 카메라 회전 연출하기	320
23-3 드론 촬영 움직임 연출하기	322
23-4 카메라 줌 아웃 연출하기	324
23-5 정적인 카메라 움직임 연출하기	326
23-6 동적인 카메라 움직임 연출하기	329
마치며	330

24장 이미지 한 장과 프롬프트의 활용, 모델의 움직임

Warming Up_Runway ML 활용, 네 번째	332
24-1 고개를 흔드는 연출하기	333
24-2 고개를 드는 연출하기	335
24-3 고개를 숙이는 연출하기	337
24-4 머리카락을 만지는 연출하기	339
24-5 V자 포즈를 취하는 연출하기	341
24-6 점프 동작 연출하기	343
24-7 달리는 움직임 연출하기	345
마치며	346

25장 제품의 색상을 바꾸어 주는 AI

Warming Up_Vmake 소개	349
시작하기	350
25-1 트레이닝복의 색상 바꾸기	352
25-2 바지의 색상 바꾸기	359
25-3 털모자의 색상 바꾸기	360
25-4 양말의 색상 바꾸기	361

25-5 의자의 색상 바꾸기	362
25-6 이어폰 케이스의 색상 바꾸기	363
마치며	363

26장 광고 배너를 만들어 주는 AI

Warming Up_Vmake 활용, 두 번째	366
26-1 니트 제품 광고 만들기	367
26-2 니삭스 제품 광고 만들기	372
26-3 헤드폰 광고 만들기	373
26-4 가방 광고 만들기	374
마치며	375

27장 제품에 자동으로 로고 목업을 적용해 주는 AI

Warming Up_Adobe Illustrator 소개	378
27-1 모자에 적용하기	379
27-2 운동화에 적용하기	385
27-3 화장품에 적용하기	387
27-4 티셔츠에 적용하기	388
마치며	389

28장 글씨에 다양한 질감을 주는 AI

Warming Up_Adobe Firefly 활용, 여섯 번째	392
28-1 네온 효과 적용하기	393
28-2 풍선 질감 적용하기	399
28-3 금속 질감 적용하기	403
28-4 얼음 질감 적용하기	407
28-5 불 효과 적용하기	409
28-6 털실 질감 적용하기	411
28-7 빵 질감 적용하기	413
마치며	415

29장 로고에 다양한 질감을 주는 AI

Warming Up_Adobe Firefly 활용, 일곱 번째 418
29-1 액체 질감 적용하기 419
29-2 사탕 질감 적용하기 424
29-3 풍선 질감 적용하기 427
마치며 429

30장 구독을 취소하는 방법

30-1 Remini 구독 취소하기 431
30-2 Hitpaw FotorPea 구독 취소하기 434
30-3 Adobe 구독 취소하기 435
30-4 Flair AI 구독 취소하기 440
30-5 Runway ML 구독 취소하기 442
30-6 Vmake 구독 취소하기 444
마치며 445

에필로그 446

1장

저화질 이미지를 2배수 고화질 이미지로 바꾸는 AI

e커머스를 운영하는 데 필요한 리소스 중 이미지는 매우 중요합니다. 제품 사진은 물론이고 각종 프로모션에 쓰일 콘셉트 이미지 등 그 활용도가 매우 높습니다. 하지만 어떤 이유가 되었든 우리는 늘 최적의 이미지를 소유하고 있지는 않습니다. 그렇다면 어떻게 최적의 이미지를 사용할 수 있을까요? 방법이 존재할까요? 이제부터 그 이야기를 하고자 합니다. 자동으로 이미지의 화질을 높여주고 보정까지 해주는 생성형 AI가 존재합니다. 저는 그 중 하나를 선정하여 몇 가지 사례를 통해 간단한 사용 방법과 활용법을 알려주고자 합니다.

이번 장을 익히면 얻는 것

Warming Up

Remini AI 소개

어떤 생성형 AI를 사용하는지에 대한 기준은 최대한 그래픽 툴을 다루지 못하는 초보자의 기준에 맞춥니다. 아래의 조건을 모두 충족하거나 거의 충족할 수 있는 것에 포커스를 맞추었습니다. 이 기준은 앞으로 나올 다른 챕터에도 모두 동일합니다.

1. 무료 버전이거나 무료 버전을 체험할 수 있는지,
2. UI가 복잡하지 않고, 높은 난이도의 학습이 필요하지 않아야 하며,
3. 기능이 많기보다는 하나의 기능이라도 확실하게 결과물을 만들어 내는지,
4. 소프트웨어를 설치하는 과정 없이 브라우저에서 바로 이용이 가능한지.

이러한 선정 기준을 통해 선정된 생성형 AI는 Remini AI입니다. 참고로 모든 서비스를 이용하려면 회원가입이 필수입니다. 회원가입 후 로그인을 진행해 주세요.

▲그림 1-1 Remini AI의 로고

Remini AI로 바로 이동하려면?
https://remini.ai

시작하기

Remini AI는 브라우저에서 바로 사용이 가능합니다.

<u>01</u> 먼저 웹사이트에 접속해 주세요.

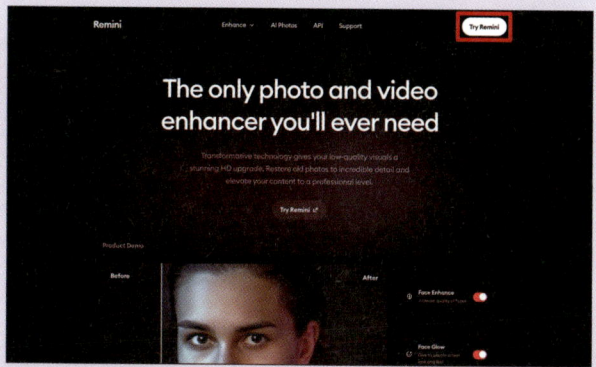

▲ 그림 1-2 Remini AI의 메인 화면

메인 페이지에서 "Try Remini" 버튼을 클릭합니다. 맥과 윈도우 전부 동일합니다. 이후 회원가입, 로그인을 진행합니다.

<u>02</u> 로그인 후 화면입니다. ❶화질 개선, ❷배경 개선, ❸자동 컬러 조정 등 총 3가지의 기능이 있습니다.

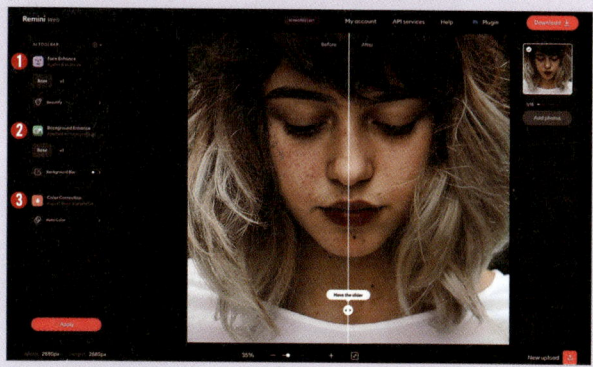

▲ 그림 1-3 Remini AI Web의 사용자 인터페이스 화면

어떠한 하나의 툴의 사용법을 깊게 다루는 책이 아니므로 간단하게만 용어를 언급하도록 하겠습니다.

> **여기서 잠깐**
>
> Remini AI를 사용하려면 일주일에 7달러의 결제가 필요합니다. 결제 후 3가지 기능을 사용할 수 있습니다. 이 기능은 다음과 같습니다.
>
> - Face Enhance: 얼굴을 중심으로 화질 개선 및 보정, 2개의 버전과 4개의 스타일이 있습니다.
> - Background Enhance: 배경의 화질 개선 및 보정, 배경을 흐리게 처리할 수 있습니다.
> - Color Correction: 색상을 보정합니다. 기본 스타일 외에 8개의 스타일을 적용해 볼 수 있습니다.

따라하기

1-1 저화질 이미지 개선하기

01 개선하고자 하는 이미지를 업로드합니다. 아래의 이미지를 사용하였습니다. 이미지 크기는 상관이 없지만 이미지 비율은 정사각형으로 넣어주면 좋습니다. 참고로 최종으로 생성되는 이미지의 사이즈는 1440×1440px입니다.

▲그림 1-4 업로드할 저화질 이미지

02 설정을 Base로 맞추고 "Apply"를 클릭합니다. 그러면 화면 중앙이 다음과 같이 표시됩니다. 이때 가운데의 "Move to slider"를 누른 채로 좌우로 이동하면 개선 전후를 자세하게 볼 수 있습니다.

▲그림 1-5 화질 개선 전후를 실시간으로 볼 수 있는 슬라이더

03 이미지 다운로드를 클릭합니다. 아래와 같은 이미지가 다운로드 됩니다. 이 때 저장은 JPG, PNG, TIFF의 세 가지 종류를 선택할 수 있습니다. 자동으로 화질이 개선되고 인물이 보정되었습니다.

▲ 그림 1-6 자동으로 개선/보정된 다운로드 이미지

▲ 그림 1-7 원본 이미지(좌), 화질 개선 이미지(우)

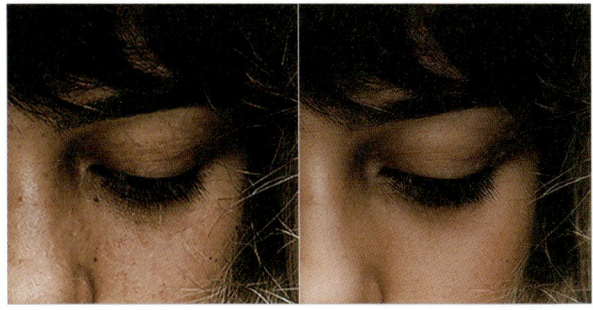

▲ 그림 1-8 원본 이미지(좌), 화질 개선 이미지(우), 눈썹의 디테일을 비교해 보세요.

> 따라하기

1-2 흐린 이미지 개선하기

01 블러(흐리)가 적용되어 있는 이미지도 개선이 될까요? 먼저 이미지를 업로드합니다.

▲ 그림 1-9 블러(흐림)가 적용되어 있는 원본 이미지

02 개선 과정을 보겠습니다. 흐린 부분들이 선명해지는 것을 확인할 수 있습니다.

▲ 그림 1-10 화질 개선 전후를 실시간으로 볼 수 있는 슬라이더

03 개선된 이미지 다운로드를 클릭합니다. 아래와 같은 이미지가 다운로드 됩니다. 자동으로 블러가 개선되고 인물이 보정되었습니다.

▲ 그림 1-11 화질 개선 전후를 실시간으로 볼 수 있는 슬라이더

▲ 그림 1-12 원본 이미지(좌), 화질 개선 이미지(우)

▲ 그림 1-13 원본 이미지(좌), 화질 개선 이미지(우). 디테일을 비교해 보세요.

따라하기

1-3 모자이크 이미지 개선하기

01 모자이크가 적용되어 있는 이미지도 개선이 될까요? 먼저 이미지를 업로드합니다.

▲그림 1-14 모자이크가 적용되어 있는 원본 이미지

02 개선 과정을 보겠습니다. 흐린 부분들이 선명해지는 것을 확인할 수 있습니다. 이번에는 배경 설정에서 흐림 정도는 "High"를 적용하였습니다(배경이 더 흐려지는 효과).

▲그림 1-15 화질 개선 전후를 실시간으로 볼 수 있는 슬라이더

03 개선된 이미지 다운로드를 클릭합니다. 아래와 같은 이미지가 다운로드 됩니다. 만족스럽지는 않지만 자동으로 많은 부분의 모자이크가 개선되고 인물이 보정되었습니다.

▲ 그림 1-16 모자이크가 자동으로 개선/보정된 다운로드 이미지

▲ 그림 1-17 원본 이미지(좌), 화질 개선 이미지(우)

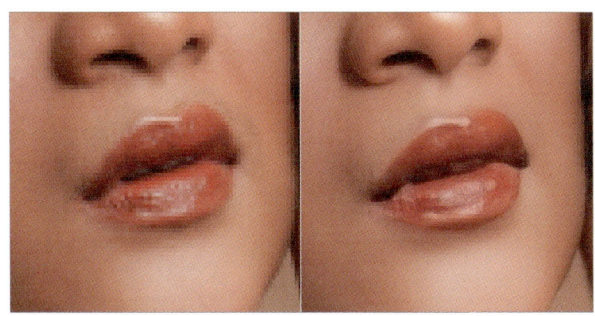

▲ 그림 1-18 원본 이미지(좌), 화질 개선 이미지(우)

마치며

Remini AI의 기능은 이미지의 화질을 자동으로 개선 및 보정해 주는 생성형 AI입니다. 또한 단순 저화질 이미지의 화질 개선은 물론, 흐리거나 모자이크 된 형태도 어느 정도 개선해 줍니다. 브라우저 기반의 툴이기 때문에 사용하기가 쉽고 UI도 명확하여 초보자도 쉽게 이용할 수 있다는 것이 가장 큰 장점이라고 볼 수 있습니다. 만약 Remini로 원하는 결과를 얻지 못하는 분이 있다면 2장을 주목해 주세요.

2장

저화질 이미지를
4배수 고화질 이미지로
바꾸는 AI

1장에서는 브라우저 기반으로 간편하게 모델 이미지를 고화질로 개선해주는 Remini AI에 대해서 다루었습니다. 2장은 상품 이미지를 고화질로 변경하는 내용입니다. 이번에는 1장에서 다룬 Remini AI가 아닌 새로운 생성형 AI를 사용하여 상품 이미지를 고화질로 개선해 보도록 하겠습니다. 역시 천천히 따라해 보세요.

이번 장을 익히면 얻는 것

Warming Up

Hitpaw FotorPea 소개

Remini AI는 간편합니다. 그러나 1장을 따라해보고 고개를 갸우뚱 하신 분들을 위해 한 차원 업그레이드된 생성형 AI를 소개하고자 합니다.

이번에 소개할 생성형 AI는 Hitpaw FotorPea입니다. 참고로 모든 서비스를 이용하려면 회원가입이 필수입니다. 회원가입 후 로그인을 진행해 주세요.

▲ 그림 2-1 Hitpaw FotorPea의 로고

Hitpaw FotorPea로 바로 이동하려면?
https://www.hitpaw.net/kr/photo-ai.html

시작하기

Hitpaw FotorPea는 데스크탑 앱 설치 후 이용 가능합니다.

01 먼저 웹사이트에 접속해 주세요.

메인 페이지에서 "Try It Free" 버튼을 클릭합니다. 맥과 윈도우 전부 동일합니다. 이후 다운로드 받은 파일을 설치해 주세요.

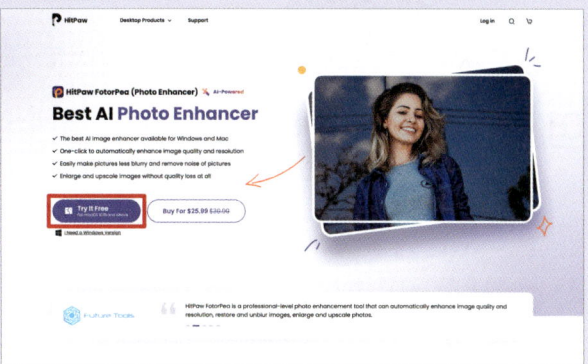

▲그림 2-2 Hitpaw FotorPea의 메인 화면

02 설치가 완료된 후 실행하면 보이는 첫 화면입니다. 총 7가지의 기능 있으며, 이번 장에서 다룰 기능은 "매직 업 스케일"입니다. 말 그대로 놀라운 화질 개선과 보정 효과가 있습니다. 이제 시작해보겠습니다.

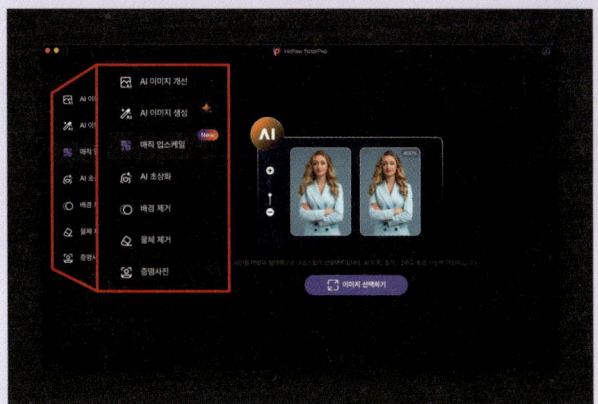

▲그림 2-3 Hitpaw FotorPea의 데스크탑 앱의 매직 업 스케일 시작 화면

> **여기서 잠깐**
>
> Hitpaw FotorPea를 사용하려면 월 29.99 달러의 결제가 필요합니다. 결제 후 7가지 기능을 사용할 수 있습니다. 이 기능은 다음과 같습니다.
>
> - AI 이미지 개선: 이미지의 화질 개선 및 보정
> - AI 이미지 생성: 프롬프트(글) 입력으로 이미지 생성
> - 매직 업스케일: 화질을 극적으로 개선
> - AI 초상화: 사진을 그림으로 전환
> - 배경 제거: 배경을 자동으로 제거
> - 물체 제거: 사진의 불필요한 부분을 자연스럽게 제거
> - 증명사진: 일반 사진을 증명 사진으로 만들어 줌

> 따라하기

2-1 노이즈 이미지 개선하기

01 화질을 개선하고자 하는 이미지를 업로드합니다. 아래의 이미지를 사용하였습니다. 이미지 크기는 상관이 없지만 이미지 사이즈가 1,300×1,300px이 넘지 않아야 합니다. 참고로 최종으로 생성되는 이미지의 사이즈는 원래 이미지의 4배입니다.

▲그림 2-4 업로드할 노이즈가 심한 저화질 이미지

02 업로드 후 이미지 아래 "미리 보기 효과"를 클릭합니다.

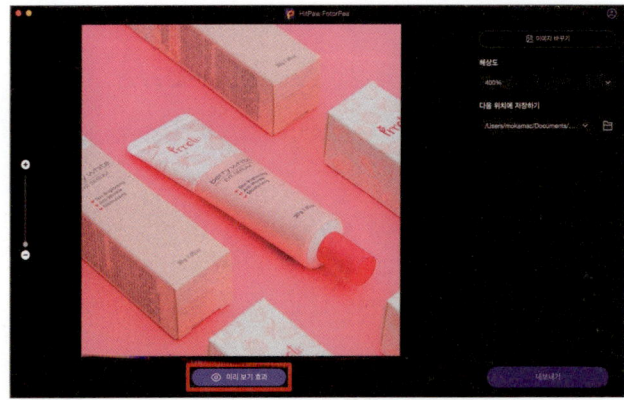

▲그림 2-5 업로드 후 화면

03　"매직 업 스케일"은 서버에 대기하는 순서가 있는 시스템입니다. 미리보기 효과를 보기 위해 일정 시간 기다리도록 합니다. 대기자의 숫자는 접속할 때마다 달라집니다.

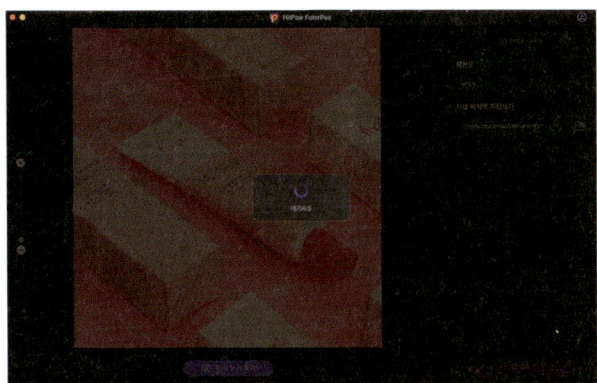

▲ 그림 2-6 미리보기 효과 대기 화면

04　대기 화면이 지나고 이미지 생성이 완료되면 보정 전과 후 화면을 미리보기 할 수 있습니다. 이 때 개선 전과 후의 차이를 미리보기로 확인이 가능합니다.

▲ 그림 2-7 미리보기로 개선 전후를 비교할 수 있는 화면

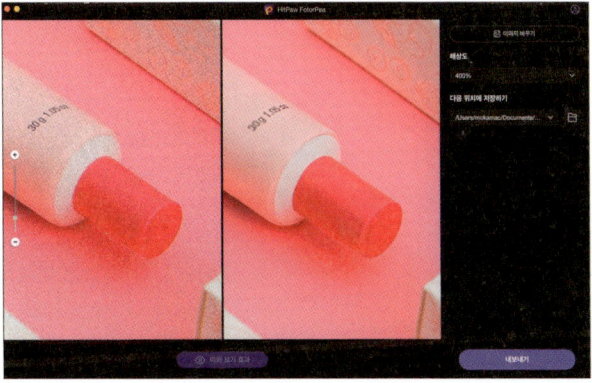

▲ 그림 2-8 개선 전후 비교 확대 화면, 노이즈가 개선됨을 확인

05 해상도를 400%로 설정한 후 화면 하단의 "내보내기"를 클릭하면 개선된 이미지를 다운로드할 수 있습니다. 처음에 업로드 된 이미지의 노이즈가 사라지고 화질이 개선된 것을 확인할 수 있습니다.

▲ 그림 2-9 최종 개선된 이미지

> 따라하기

2-2 흐린 글씨 개선하기

01 글씨 개선 효과를 알아보겠습니다. 먼저 글씨가 흐린 이미지를 업로드합니다.

▲ 그림 2-10 블러(흐림)가 적용되어 있는 원본 이미지

02 첫번째와 동일한 과정을 통해 개선 전과 후의 이미지를 비교해 볼까요?

▲ 그림 2-11 화질 개선 전과 후 비교, 전체 화면

▲ 그림 2-12 화질 개선 전과 후 비교, 확대 화면

03 최종 개선된 이미지를 내보내기 후 확인해 보면 다음과 같이 개선되었습니다.

▲ 그림 2-13 최종 개선된 이미지

따라하기

2-3 흐린 질감 개선하기

01   흐림 처리가 되어 있는 운동화를 한번 개선해 보겠습니다. 운동화 표면의 복잡한 패브릭 패턴을 인식하고 개선할 수 있을까요? 먼저 개선 전 이미지입니다.

▲ 그림 2-14 흐린 운동화의 이미지

02   역시 동일한 과정을 통해 개선 전과 후의 이미지를 비교해 볼까요?

▲ 그림 2-15 화질 개선 전과 후 비교, 전체 화면

▲ 그림 2-16 화질 개선 전과 후 비교, 확대 화면

03 최종 개선된 이미지를 내보내기 후 확인해 보면 다음과 같이 개선되었습니다.

▲ 그림 2-17 최종 개선된 이미지

마치며

HitPaw FotorPea의 "매직 업 스케일" 기능은 이미지의 화질을 극적으로 개선할 수 있는 생성형 AI입니다. 초기 비용 부담이 있지만 그만큼 확실한 효과를 보여줍니다. 단점은 대기 시간이 길어질 경우 이미지의 생성 시간이 오래 걸린다는 점이지만 그만큼 참고 인내하며 기다리면 완성도 높은 결과를 보여주니 꼭 필요한 경우 사용해 보길 권장합니다.

3장

이미지의 불필요한 부분을 지우는 AI

쇼핑몰을 운영하다 보면 직접 찍거나 스튜디오에 맡긴 사진을 받아도 가끔씩 불필요한 부분이 사진에 포함되어 있기 마련입니다. 이럴 때마다 이 부분만 지우면 좋을 텐데라는 생각을 해 본 적이 있지 않나요? 이번 장은 이런 아쉬움을 해결할 내용이 담겨 있습니다.

이번 장을 익히면 얻는 것

Warming Up

Adobe Firefly 소개

앞으로 여러 가지 주제에 걸쳐 Adobe AI 프로그램을 다수 사용할 예정입니다. 당장 다음 장도 해당됩니다.

 Firefly는 워터마크가 있어도 상관 없다면 월 25장까지는 무료 사용이 가능합니다. 그리고 워터마크 없이 Firefly 단품만 구독하는 비용은 월 6,600원입니다. 그러나 Adobe의 낱품을 구독히는 것보다 패키지로 구성된 Creative Cloud를 구독하면 이 책에서 앞으로 나올 여러 가지 AI 기능들을 전부 체험해 볼 수 있습니다. 가격은 월 78,100원(개인용)이지만 연초에 자주 반값행사를 Adobe에서 진행하니 그 기간에 구매하는 것을 추천합니다. 충분히 생각하고 판단해 주세요.

▲그림 3-1 Adobe Firefly의 로고

이번에 소개할 생성형 AI는 Adobe의 생성형 AI 서비스, Firefly입니다. 이 프로그램을 선택한 이유는 여러 장에 걸쳐 Adobe 프로그램을 많이 쓰기 때문이기도 하지만 한글화가 지원이 된다는 점이 큰 이유입니다. 당연히 회원가입이 필수입니다. 회원가입 후 로그인을 진행해 주세요.

Firefly로 바로 이동하려면?
https://firefly.adobe.com

시작하기

Firefly는 브라우저에서 바로 이용 가능합니다.

01 먼저 웹사이트에 접속해 주세요.

▲ 그림 3-2 Firefly의 메인 화면

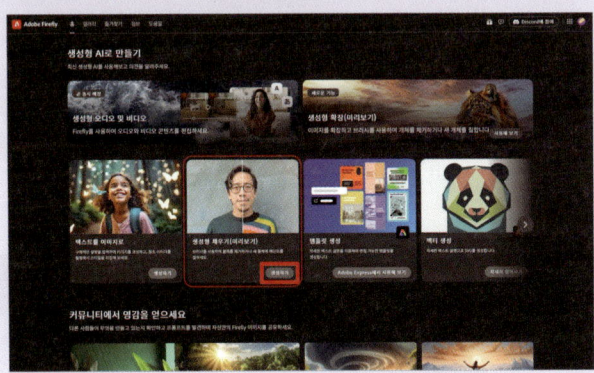

▲ 그림 3-3 스크롤을 내린 화면

스크롤을 내려서 생성형 채우기(미리보기) 영역의 "생성하기"를 클릭합니다. 맥과 윈도우 전부 동일합니다.

02 생성형 채우기(미리보기)를 클릭한 이후 보이는 시작 화면입니다. 이 화면에서 아래의 이미지들은 대략적인 원리를 알려주는 예시들입니다. 우리는 "이미지 업로드" 버튼으로 시작하면 됩니다.

▲ 그림 3-4 생성형 채우기(미리보기)의 시작 화면

> **따라하기**

3-1 불필요한 요소 제거하기

01   먼저 수정하고자 하는 이미지를 "이미지 업로드" 버튼을 클릭하여 업로드합니다. 아래의 이미지를 사용하였습니다. 가방을 쌓고 손이 가방을 지지해 주고 있는 이미지입니다.

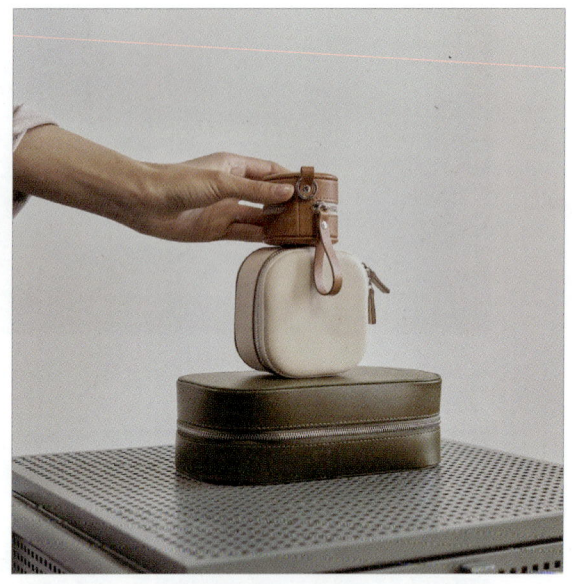

▲그림 3-5 손이 함께 촬영된 원본 이미지

02   업로드 후 왼쪽 메뉴에서 "제거"를 클릭합니다.

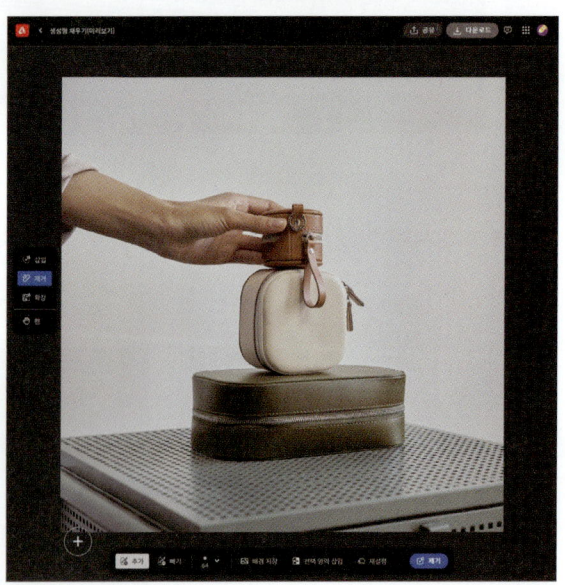

▲그림 3-6 업로드 후 화면

03 아래 메뉴에서 "추가"로 기본 선택이 되어 있습니다. 이 상태에서 지우고자 하는 부분을 브러시로 문질러주면 됩니다. 그러면 해당 영역이 투명하게 바뀌는 것을 확인할 수 있습니다. 손 부분을 손가락까지 전부 브러시로 선택해 주었습니다.

▲그림 3-7 브러시로 제거하고자 하는 부분을 선택한 화면

이 때, 작은 부분을 지워야 할 경우 브러시 크기를 작게(예시에서는 16px), 경도는 100%(흐림이 없는 상태)로 설정한 후 점을 찍듯이 콕콕 찍어주면 됩니다.

▲그림 3-8 작고 세밀하게 지워야 할 경우의 예시

04 이후 아래 메뉴의 "제거" 버튼을 클릭합니다. 그럼 손이 사라지고 배경으로 채워진 이미지가 생성된 것을 미리보기로 확인이 가능합니다. 또한 추가로 두 개의 이미지가 더 생성되어 있는 것을 아래쪽 썸네일에서 확인할 수 있습니다. 마음에 드는 이미지를 윗부분의 다운로드 버튼을 클릭하여 다운로드 받으면 끝입니다. 세 개의 이미지가 마음에 들지 않는다면 "더 보기" 버튼을 클릭하여 새로운 결과물을 계속 생성할 수 있습니다. 원하는 결과물이 나올 때까지 계속 시도하시면 일반적으로 5 차례(총 15장) 이내에 근삿값을 얻을 수 있을 것입니다.

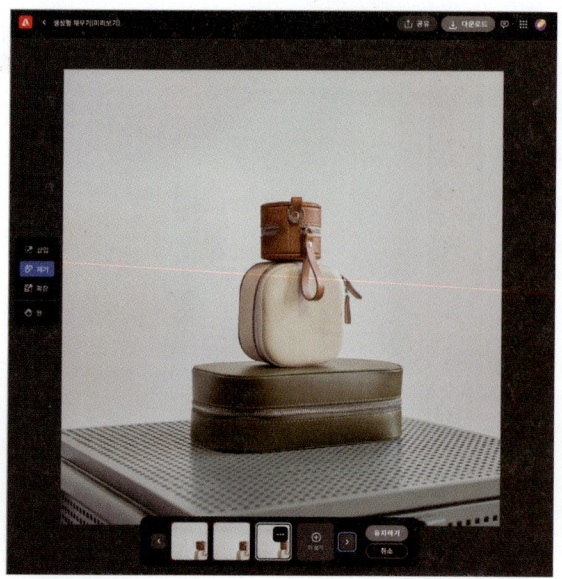

▲그림 3-9 손이 제거된 이미지를 미리 볼 수 있는 화면

> **여기서 잠깐**
> 만약 원하는 결과물이 나오지 않을 경우에 낙담하지 마세요. 계속 시도하다 보면 반드시 실력이 향상될 것입니다. 또한 최대한 좋은 결과물을 다운로드하여 포토샵에서 약간의 보정을 해 보는 것도 추천합니다. 인공지능의 학습 데이터는 시간 단위로 정교해지고 있습니다. 스스로 학습하고 있기 때문입니다. 시간이 지날수록 점점 더 원하는 값에 근접해질 것입니다.

05 최종으로 생성된 이미지는 다음과 같습니다. 제품의 손상 없이 손이 거의 완벽하게 제거된 모습을 확인할 수 있습니다.

▲그림 3-10 최종 생성된 이미지, 왼쪽 지퍼 부분에 그림자가 살짝 남아있는 형태

▲그림 3-11 그림자를 포토샵으로 보정한 최종 수정본(Color Dodge만 사용)

| 따라하기 |

3-2 불필요한 배경 제거하기

01 이번에는 배경 부분을 제거해 보도록 하겠습니다. 먼저 원본 이미지입니다.

▲ 그림 3-12 밭과 콘크리트 조형물이 공존하는 배경의 원본 이미지

02 첫번째와 동일한 과정으로 진행합니다. 목적은 밭을 제거하여 도회적인 이미지로 변경하고자 하는 것입니다. 그래서 밭과 하늘 부분을 브러시로 전부 선택합니다. 영역이 크면 브러시 사이즈를 크게 키워서 선택하면 작업이 수월합니다. 아래 메뉴 부분에서 "64"라고 되어 있는 부분을 클릭하면 브러시 크기를 조정할 수 있습니다.

▲그림 3-13 밭과 하늘 영역을 전부 브러시로 지운 상태

03 최종으로 생성된 이미지는 다음과 같습니다. 콘크리트 조형물이 전체 화면의 배경으로 채워지면서 도회적인 분위기의 이미지로 변경되었습니다.

▲그림 3-14 최종 생성된 이미지

| 따라하기 |

3-3 배경만 남겨보기

01 이번에는 피사체 자체를 지워보도록 하겠습니다. 먼저 밭에 사람이 있는 이미지를 업로드 합니다.

▲ 그림 3-15 농작물을 관리하고 있는 사람이 있는 이미지

02 역시 동일한 과정으로 진행합니다. 지우고자 하는 부분을 브러시로 문질러 주세요.

▲ 그림 3-16 사람을 전부 브러시로 지운 상태

03 최종으로 생성된 이미지는 다음과 같습니다. 사람이 완전히 지워지고 자연스럽게 작물과 흙이 채워진 이미지로 변경되었습니다.

▲ 그림 3-17 최종 생성된 이미지

마치며

Firefly의 "생성형 채우기" 기능은 불필요한 요소를 제거하고 그 영역을 자연스럽게 채워주는 생성형 AI입니다. 또한 "삽입"과 "확장" 기능이 있는데 이어지는 장에서 소개하도록 하겠습니다. 가장 큰 장점은 뭐니뭐니 해도 디자인 스킬이 없는 분도 쉽게 이용할 수 있는 점입니다.

4장

이미지에 요소를 바꾸거나 추가하는 AI

상품 사진 편집을 완료하고 이제 온라인에 전시해서 판매만 하면 되는 상황입니다. 그런데 아주 사소한 것이 걸립니다. 제품의 좋은 성분을 눈으로 보여주고 싶은데 사진이 약합니다. 혹은 꼭 들어가야 할 요소가 사진에 빠져 있습니다. 사소한 요소 때문에 재촬영을 할 수도 없고 합성을 하면 티가 나고 이럴 때 어떻게 해야 할까요? 이번 장에 그 해결 방법이 있습니다.

이번 장을 익히면 얻는 것

Warming Up

Adobe Firefly 활용, 두 번째

이전 장에 이어 Adobe Firefly를 사용하겠습니다. 바로 따라해보기 시작할까요?

Firefly로 바로 이동하려면?
https://firefly.adobe.com

Firefly는 브라우저에서 바로 이용 가능합니다. 이후 과정은 3장과 동일합니다.

따라하기

4-1 제품 주변에 장식 요소 추가하기

100% 유기농 성분의 BB 크림이 있습니다. 이 성분은 라즈베리 추출물을 사용하는데 제품 주변에 라즈베리 열매를 배치하면 더욱 제품이 부각될 것 같습니다. 다시 촬영하지 않고 라즈베리를 추가할 수 있을까요?

01 먼저 수정하고자 하는 이미지를 "이미지 업로드" 버튼을 클릭하여 업로드합니다. 아래의 이미지를 사용하였습니다. 화장품만 놓여 있는 이미지입니다.

▲그림 4-1 화장품만 놓여 있는 이미지

02 업로드 후 왼쪽 메뉴에서 "삽입"을 클릭합니다.

▲그림 4-2 업로드 후 화면

이미지에 요소를 바꾸거나 추가하는 AI / 51

03 아래 메뉴에서 "추가"로 기본 선택이 되어 있습니다. 이 상태에서 요소를 삽입하고자 하는 부분을 브러시로 문질러주면 됩니다. 그러면 해당 영역이 투명하게 바뀌는 것을 확인할 수 있습니다. 저는 라즈베리 열매를 3곳에 배치하고자 3곳을 브러시로 문질러 주었습니다. 이후 이미지 아래 "프롬프트"영역이 활성화 되어 있을 텐데요. 여기에 한글로 "라즈베리"를 입력합니다.

▲ 그림 4-3 브러시로 삽입하고자 하는 부분을 선택한 화면

 삽입되는 요소의 크기보다 넉넉하게, 크게 영역을 브러시로 잡아 주세요. 요소의 크기가 작으면 잘 인식이 되지 않습니다. 여러분은 이전 장을 따라하고 난 뒤, 브러시에 어느 정도 익숙해졌기 때문에 처음 접하는 것보다는 더 잘되리라 봅니다.

04 이후 아래 메뉴의 "생성하기"버튼을 클릭합니다. 그럼 브러시로 지운 부분에 라즈베리 열매가 배치된 것을 미리보기로 확인이 가능합니다. 또한 추가로 두개의 이미지가 더 생성되어 있는 것을 아래쪽 썸네일에서 확인할 수 있습니다. 마음에 드는 이미지를 윗부분의 다운로드 버튼(화살표가 위로 향해 있는 버튼)을 클릭하여 다운로드 받으면 끝입니다. 세 개의 이미지가 마음에 들지 않는다면 "더 보기" 버튼을 클릭하여 새로운 결과물을 계속 생성할 수 있습니다. 원하는 결과물이 나올 때까지 계속 시도하면 일반적으로 5차례(총 15장) 이내에 근삿값을 얻을 수 있을 것입니다.

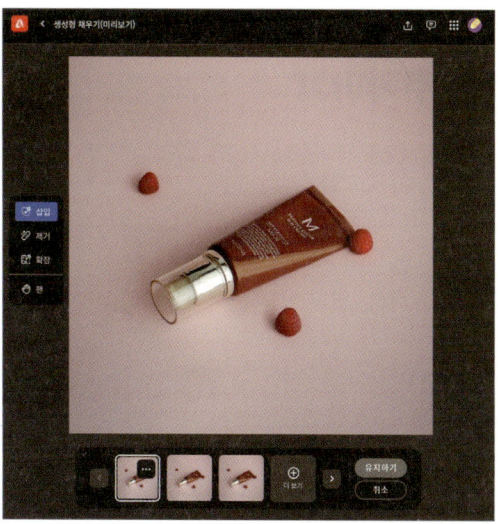

▲ 그림 4-4 라즈베리 열매가 배치된 이미지를 미리 볼 수 있는 화면

> **여기서 잠깐**
> 만약 원하는 결과물이 나오지 않을 경우에 낙담하지 마세요. 계속 시도하다 보면 반드시 실력이 향상될 것입니다. 또한 최대한 좋은 결과물을 다운로드하여 포토샵에서 약간의 보정을 해 보는 것도 추천합니다. 인공지능의 학습 데이터는 시간 단위로 정교해지고 있습니다. 스스로 학습하고 있기 때문입니다. 시간이 지날수록 점점 더 원하는 값에 근접해질 것입니다.

05 최종으로 생성된 이미지는 다음과 같습니다. 제품의 손상 없이 라즈베리가 제품 주변으로 거의 완벽하게 배치된 모습을 확인할 수 있습니다.

▲ 그림 4-5 라즈베리 추출물이 강조되는 최종 생성 이미지

> **따라하기**

4-2 제품 안에 빠진 요소 추가하기

도시락을 파는 기업인데 단백질 튼튼 도시락의 재료 하나(달걀)를 실수로 사진에 담지 못했어요. 재 촬영하지 않고 자연스럽게 달걀이 추가가 될까요?

01   이번에는 음식 재료를 추가해 보도록 하겠습니다. 먼저 원본 이미지입니다.

▲ 그림 4-6 여러 가지 재료들이 섞여 있는 원본 이미지(달걀이 빠짐)

02   첫번째와 동일한 과정으로 진행합니다. 목적은 풍성한 재료 안에 조화롭게 달걀을 삽입하는 것입니다. 그래서 저는 달걀을 가운데에 위치하고자 가운데 부분을 브러시로 문질러 주었습니다. 어느 부분에 위치시키는가는 독자 여러분의 자유입니다. 영역 선택을 완료한 후 이미지 아래의 프롬프트에 "껍질을 까지 않은 달걀 1개"를 입력해 줍니다. 이렇게 더 구체적이고 자세하게 입력할수록 원하는 결과에 가깝게 생성됩니다(날달걀과 삶은 달걀이 나올 확률이 낮아짐).

▲ 그림 4-7 브러시로 삽입하고자 하는 부분을 선택한 화면

03 생성하기를 클릭해 주세요. 최종으로 생성된 이미지는 다음과 같습니다. 껍질이 있는 원형 그대로의 달걀이 자연스럽게 삽입되었습니다.

▲ 그림 4-8 가운데에 달걀이 삽입된 최종 생성 이미지

> **따라하기**

4-3 이미지 안의 요소를 바꾸기

도자기를 파는 쇼핑몰입니다. 화병 사진을 보니 식물의 색감이 너무 강해서 꽃병이 잘 안보입니다. 식물을 배색이 은은한 다른 식물로 바꿀 수 있을까요?

01 이번에는 피사체를 교체해보도록 하겠습니다. 먼저 화병과 식물이 있는 이미지를 업로드 합니다.

▲그림 4-9 식물(잎)의 색감이 진한 원본 이미지, 상대적으로 제품이 안보임

02 역시 동일한 과정으로 진행합니다. 교체하고자 하는 부분을 브러시로 문질러 주세요. 이후 프롬프트에 바꾸고자 하는 식물을 입력해 줍니다. 저는 "얇은 나뭇가지와 안개꽃"을 입력하였습니다.

▲그림 4-10 교체할 식물을 전부 브러시로 지운 상태

03 생성하기를 클릭해 주세요. 최종으로 생성된 이미지는 다음과 같습니다. 은은한 색감의 안개꽃으로 변경되었습니다. 이제 제품이 더 잘 보입니다.

▲ 그림 4-11 은은한 안개꽃이 꽂힌 최종 생성된 이미지

마치며

Firefly의 "생성형 채우기" 기능 중 "삽입"은 요소를 추가하거나 요소를 교체하는 용도로 사용할 수 있습니다. 이 기능은 넓은 범위보다는 작은 범위에 적용했을 경우 더 완성도가 높은 결과물이 생성됩니다. 티는 안 나지만 아주 작은 부분을 추가하거나 교체할 때 사용해 보세요. 다음 장에는 "확장" 기능에 대해서 예제를 통해 따라해보는 내용으로 찾아 뵙도록 하겠습니다.

5장

이미지의
빈 공간을 채워주는
AI

상품 이미지를 1:1 비율로 많이 사용하지만 가끔씩 가로가 큰 비율(4:3)이나 와이드 비율(16:9)로 사용해야 할 경우가 있습니다. 바로 아래 그림처럼요.

이럴 경우 원래 1:1 비율의 이미지를 가로가 넓은 비율로 간단하게 바꿀 수 있지만, 특별한 편집 기술이 없다면 상품 자체가 잘리는 일이 발생하기도 합니다. 바로 우측 위의 1:1 그림처럼요.

쇼핑몰에서 상품을 온전하게 보여주는 것은 아주 중요합니다. 특히 대표 썸네일의 경우는 더욱 그러합니다. 이런 경우에 상품도 잘리지 않고 비율에 맞게 빈 공간도 채워준다면 많은 도움이 되겠죠? 이번 장은 바로 이 주제를 다룹니다.

이번 장을 익히면 얻는 것

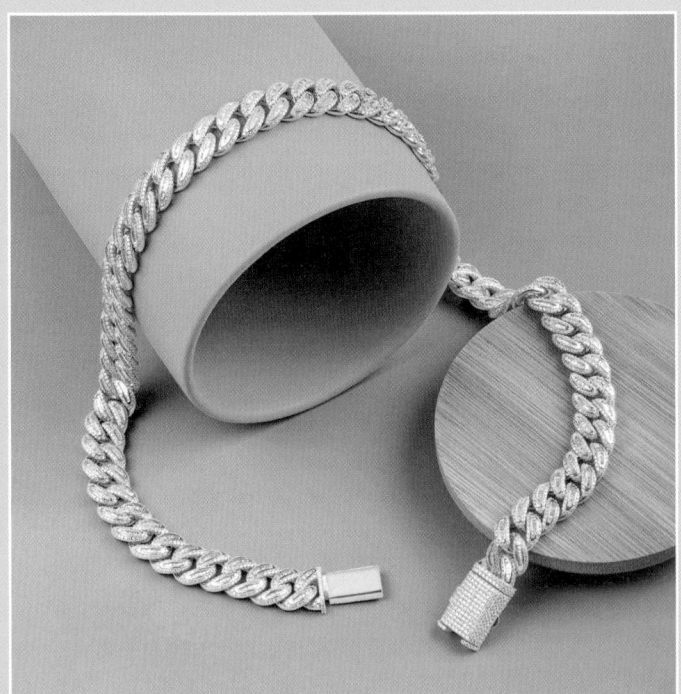

▲1:1 비율의 원본 이미지

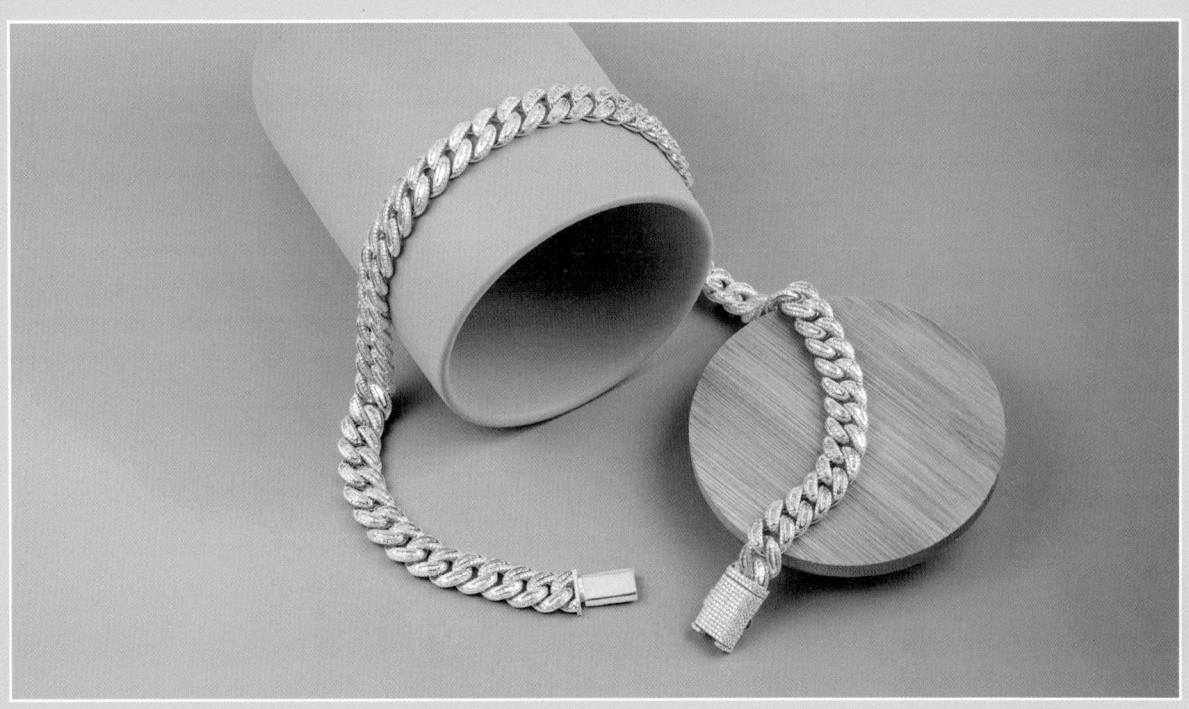

▲AI가 생성한 제품 손상 없는 와이드 이미지

Warming Up

Adobe Firefly 활용, 세 번째

Adobe Firefly 3회 차입니다. 앞으로 몇 차례 더 사용할 예정이니 당분간은 Firefly에 집중하면 됩니다. 이번 장은 특별한 난이도가 없고, 브러시의 터치 또한 필요하지 않아 예제를 더 다양하게 담았습니다. 바로 따라 해보기 시작할까요?

Firefly로 바로 이동하려면?
https://firefly.adobe.com

Firefly는 브라우저에서 바로 이용 가능합니다.

먼저 웹사이트에 접속해 주세요(URL 참조). 이후 단계는 3장과 동일합니다. 기억나지 않는다면 3장 Warming Up을 참조해 주세요.

5-1 간단한 배경 채우기

바퀴가 달린 2~3인용 패브릭 소파가 있습니다. 1:1 비율의 사진을 와이드(16:9)로 바꿔서 사용해야 하는데 비율을 바꾸어도 이미지가 잘리지 않고, 고급스러운 제품인 만큼 여백도 어느 정도 확보하여 세련되게 보이고 싶습니다.

01 먼저 비율을 바꾸고자 하는 이미지를 "이미지 업로드" 버튼을 클릭하여 업로드합니다. 원본 이미지입니다.

▲ 그림 5-1 1:1 비율의 원본 이미지

02 이 이미지를 와이드 비율로 바꾸고자 할 경우 다음과 같은 Bad Case가 발생하게 됩니다. 시각적으로 불편하기도 하지만 매출에도 영향이 있겠죠?

▲ 그림 5-2 Bad Case 1. 크기는 맞추었지만 비율이 눌린 이미지

▲ 그림 5-3 Bad Case 2. 크기, 비율은 맞추었지만 여백이 사라져 답답한 이미지

03 그림 예제를 시작해 보겠습니다. 이미지를 업로드한 후 왼쪽 메뉴에서 ❶"확장"을 클릭하고, 아래 툴바에서 ❷"와이드스크린(16:9)"을 클릭해 주세요. 그럼 좌우로 영역이 확장되면서 투명한 공간이 생깁니다. 이 공간이 바로 AI가 새로운 영역을 생성하는 공간입니다.

▲ 그림 5-4 업로드 후 "확장"과 "와이드스크린"이 선택된 상태

04 이제 간단합니다. 프롬프트에 아무것도 입력하지 않고 ❸"생성하기"만 클릭하면 됩니다. 그러면 생성된 이미지를 미리 볼 수 있습니다. 이미지는 총 3장이 생성되고, 마음에 들지 않는 경우 "더 보기"를 클릭하여 3장씩 추가로 계속 생성할 수 있습니다. 마음에 드는 이미지가 생성이 되었다면 화면 위의 오른쪽에 위치한 "다운로드" 버튼을 클릭하면 다운로드할 수 있습니다.

▲그림 5-5 생성하기를 클릭한 이후 화면, 결과물을 미리 볼 수 있습니다.

05 최종적으로 생성된 이미지 중 하나는 다음과 같습니다. 와이드 비율로 생성되었고 전체적으로 여백이 확보되었습니다. 제품과 사람도 잘리지 않았으며, 주변 요소(바닥의 종이)까지 적절하게 마감이 된 것을 확인할 수 있습니다.

▲그림 5-6 최종 선택한 와이드 비율 이미지

따라하기

5-2 복잡한 배경 채우기

숲과 나무를 배경으로 베이직 화이트 티셔츠를 입은 남성 모델이 있습니다. 배경이 인공 패턴이 아니고 나뭇잎으로 구성된 복잡한 형태인데 이 부분도 AI의 힘을 빌릴 수 있을까요?

01 먼저 비율을 바꾸고자 하는 이미지를 "이미지 업로드" 버튼을 클릭하여 업로드합니다. 원본 이미지입니다.

▲ 그림 5-7 1:1 비율의 원본 이미지

02 Bad Case를 볼까요? 상품(티셔츠)과 얼굴이 전부 잘려서 쓸 수가 없는 형태입니다.

▲ 그림 5-8 Bad Case. 상품과 얼굴이 모두 잘린 이미지

03 첫 번째 사례와 과정은 동일합니다.

▲ **그림 5-9** 업로드 후 "확장"과 "와이드스크린"이 선택된 상태

04 최종 선택한 이미지는 다음과 같습니다. 원래 배경과 이질감이 없이 자연스럽게 영역이 채워지고 확장된 것을 확인할 수 있습니다.

▲ **그림 5-10** 최종 선택한 와이드 비율 이미지

| 따라하기 |

5-3 원근감이 느껴지는 배경 채우기

여성 모델이 상품(라탄 바구니)을 들고 건물의 옥상에서 찍은 연출 이미지가 있습니다. 모델이 기대고 있는 난간은 선명하고 뒤 배경은 흐립니다. 선명한 부분과 흐린 부분을 동시에 인식하고 확장할 수 있을까요?

01 먼저 비율을 바꾸고자 하는 이미지를 "이미지 업로드" 버튼을 클릭하여 업로드합니다. 원본 이미지입니다.

▲ 그림 5-11 1:1 비율의 원본 이미지

02 Bad Case를 볼까요? 얼굴이 전부 잘려서 부자연스러운 형태입니다.

▲ 그림 5-12 Bad Case. 얼굴이 잘린 이미지

03 역시 과정은 동일합니다.

▲ 그림 5-13 업로드 후 "확장"과 "와이드스크린"이 선택된 상태

04 최종 선택한 이미지는 다음과 같습니다. 난간과 배경 모두 이질감이 없이 자연스럽게 영역이 채워지고 확장된 것을 확인할 수 있습니다.

▲ 그림 5-14 최종 선택된 와이드 비율 이미지

| 따라하기 |

5-4 요소의 형태 연장하기, 첫 번째

몬스테라가 심어져 있는 화분을 팔고 있습니다. 그런데 원본 사진부터 잎이 잘려 있습니다. 이럴 경우 확장하면 어떻게 될까요?

01 먼저 비율을 바꾸고자 하는 이미지를 "이미지 업로드" 버튼을 클릭하여 업로드합니다. 원본 이미지입니다.

▲그림 5-15 잎이 이미 잘려 있는 1:1 비율의 원본 이미지

02 Bad Case를 볼까요? 화분만 살아남았습니다.

▲그림 5-16 Bad Case. 화분만 살린 이미지

03 역시 과정은 동일합니다.

▲그림 5-17 업로드 후 "확장"과 "와이드스크린"이 선택된 상태

04 최종 선택한 이미지는 다음과 같습니다. 배경은 당연히 잘 생성될 줄 알았지만 나뭇잎까지 인식하여 자연스럽게 확장되었습니다.

▲그림 5-18 이런 게 인공지능의 힘이라는 것을 보여주는 최종 선택 이미지

> 따라하기

5-5 요소의 형태 연장하기, 두 번째

팔찌와 수납케이스가 있습니다. 당연히 제품은 안 잘려야겠죠. 이번에는 팔찌보다는 수납케이스를 집중해서 봐주세요.

01 먼저 비율을 바꾸고자 하는 이미지를 "이미지 업로드" 버튼을 클릭하여 업로드합니다. 원본 이미지입니다.

▲ 그림 5-19 1:1 비율의 원본 이미지

02 Bad Case를 볼까요? 당연히 상품이 잘립니다. 어떻게 구성해도 잘릴 수밖에 없습니다.

▲ 그림 5-20 Bad Case. 상품(팔찌)이 잘린 이미지

03   역시 과정은 동일합니다.

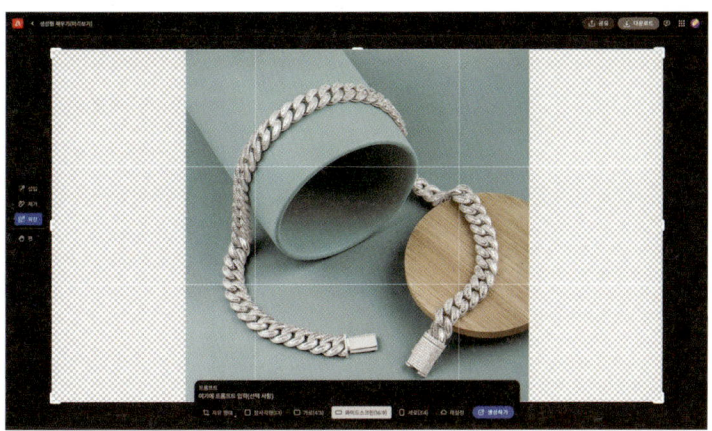

▲ 그림 5-21 업로드 후 "확장"과 "와이드스크린"이 선택된 상태

04   최종 선택한 이미지는 다음과 같습니다. 여기서 수납 케이스를 주목해 주세요. 본체는 원기둥 형태로 인식하여 확장되었고, 잘린 뚜껑 부분도 자연스럽게 마감이 된 것을 확인할 수 있습니다.

▲ 그림 5-22 최종 선택한 와이드 비율 이미지

마치며

Firefly의 "생성형 채우기" 기능 중 "확장"은 이미지의 비율이 달라질 때 생기는 빈 공간을 자연스럽게 채우는 용도로 사용할 수 있습니다. 이 기능은 생각보다 굉장히 유용합니다. 3:4, 1:1, 4:3, 16:9 비율에 대응이 가능하며 이 네 가지 비율은 모든 쇼핑몰에서 자주 사용하는 비율이기 때문입니다. 더욱 매력적인 이미지는 더 많은 사람들의 관심을 끄는 것은 더 말할 필요가 없겠죠? 이렇게 Firefly의 생성형 채우기가 3개의 장으로 마무리가 되었습니다. 다음 장부터는 AI의 정수인 무에서 유를 창조하는 내용으로 찾아 뵙도록 하겠습니다.

6장

글을 쓰면 이미지를 만들어 주는 AI, 기초 편

쇼핑몰에는 이미지가 아주 많이 필요합니다. 상품 이미지는 물론 배너, 프로모션, 상세 페이지 등에 광범위하게 사용되고 있습니다. 물론 무료 이미지 사이트 혹은 유료 이미지 사이트 등에서 이미지를 다운로드 받아서 사용해도 되지만 딱 입맛에 맞는 이미지를 찾으려면 시간이 걸리기도 하죠. 생성형 AI가 등장하면서 가장 화두가 되는 기능이 바로 이미지 생성 기능이었습니다. 원하는 이미지를 글을 쓰면 제작해 주는 기능입니다. 글만 쓰면 이미지가 생성되다니… 멋지지 않나요? 이번 장은 이러한 이미지 생성 기능의 원리와 제작 방법에 대해 익힐 수 있습니다.

이번 장을 익히면 얻는 것

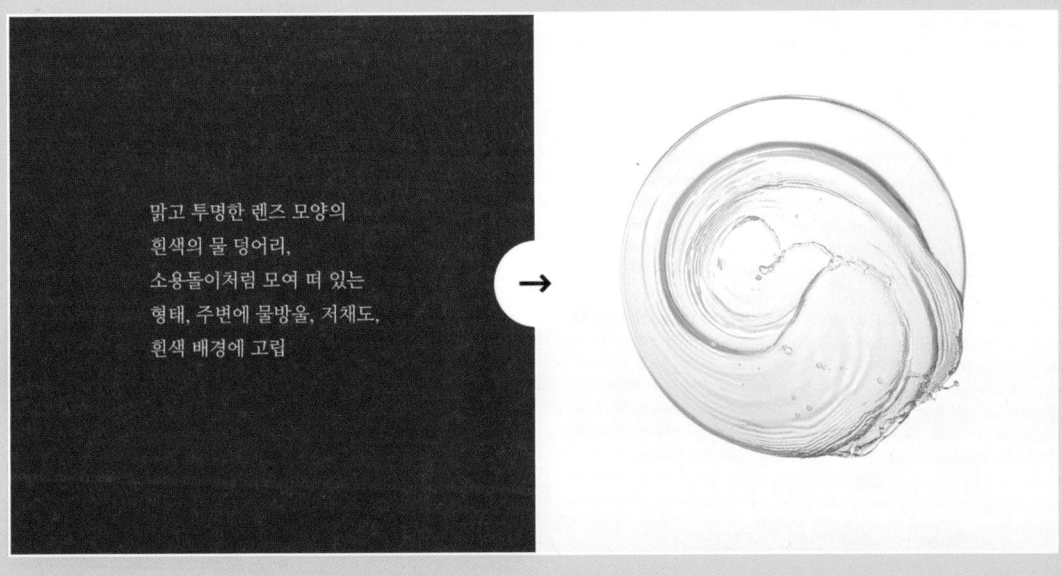

Warming Up

Adobe Firefly 활용, 네 번째

현재 수많은 서비스들이 있습니다만 우리는 몇 장에 걸쳐 어도비의 Firefly를 사용했으므로, 계속 이 툴을 사용해보도록 하겠습니다. 그리고 한글화가 지원되기 때문에 보다 쉽게 따라해 볼 수 있는 장점이 있습니다.

Firefly로 바로 이동하려면?
https://firefly.adobe.com

Firefly는 브라우저에서 바로 이용 가능합니다.

먼저 웹사이트에 접속해 주세요(URL 참조). 이후 단계는 3장과 동일합니다. 기억나지 않는다면 3장 Warming Up을 참조해 주세요.

따라하기

6-1 코스메틱 분야에 유용한 이미지 만들기

어도비의 Firefly를 포함한 모든 생성형 AI에서 명령어를 넣는 영역을 "프롬프트" 영역이라고 하며 이 프롬프트에 글을 입력하면 AI가 글을 인식하여 이미지를 만들어 주는 원리입니다. 짧고 간결하게 입력하는 것보다는 길게 서술형으로 자세하게 입력할수록 원하는 결과에 가깝게 구현됩니다. 백문이 불여일견! 예제와 함께 살펴보도록 하겠습니다.

01 프롬프트에 대해 차근차근 알아보도록 하겠습니다. 짧고 간결하게 입력하는 것과 서술형으로 길게 입력하는 것의 차이를 알 수 있습니다. 먼저 이미지 하나를 보도록 하겠습니다. 상세페이지에서 많이 보이는 효과가 적용된 이미지입니다.

▲ 그림 6-1 상세페이지에서 많이 볼 수 있는 이미지 중 하나

02 그림 6-1을 보면 상품(화장품) 뒤에 투명한 물이 소용돌이 치며 뭉쳐 있는 것을 볼 수 있습니다. 화장품을 이미지에서 제거하면 다음과 같은 이미지만 남습니다.

▲그림 6-2 깨끗한 물이 소용돌이 치는 효과 이미지

03 그림 6-2와 같은 이미지를 이제 만들어 보겠습니다. 하지만 바로 만들지 않고 프롬프트의 원리를 이해하는 과정이 필요하므로, 한 단계씩 구분하여 만들어 보겠습니다. 먼저 초기화면에서 ❶ "물 덩어리"를 입력한 후 ❷ "생성하기"를 클릭해 주세요.

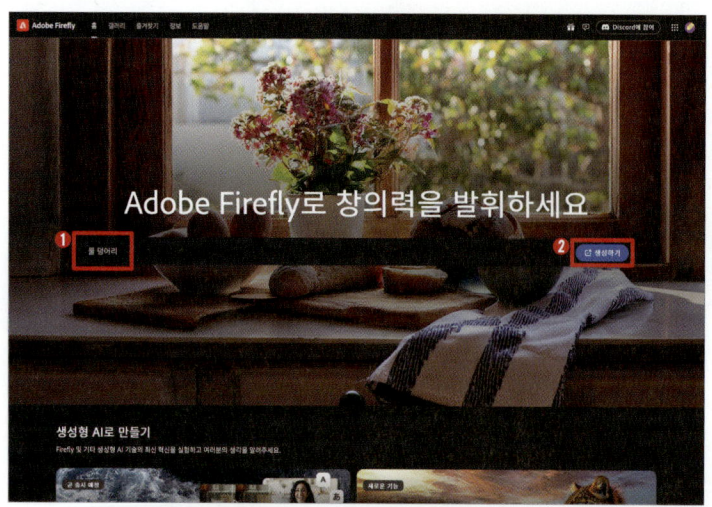

▲그림 6-3 "물 덩어리"를 입력한 초기 화면

04 "생성하기"를 클릭한 이후 나오는 화면입니다. 생성된 결과는 사용자에 따라 조금씩 다를 수 있습니다.

▲ 그림 6-4 "물 덩어리"로 생성된 4장의 이미지

▲ 그림 6-5 "물 덩어리"로 생성된 4장의 이미지 중 하나

05 어떤가요? 처음에 목표로 한 이미지와는 차이가 많습니다. 하지만 당황할 필요는 없습니다. 이제 프롬프트와 설정을 통해서 점점 원하는 이미지에 가깝게 다가가 보도록 하겠습니다. 우리가 원하는 최종 이미지는 사실적인 사진 이미지를 원합니다. 그렇다면 무엇을 먼저 해야 할까요? 먼저 왼쪽 메뉴의 콘텐츠 유형의 ❶"사진"을 선택합니다. 그 이후 다시 한 번 페이지 아래쪽 영역에서 ❷"생성하기"를 클릭해 주세요. 그럼 사진의 분위기가 사진처럼 바뀌게 됩니다.

▲그림 6-6 콘텐츠 유형을 "사진"으로 설정

▲그림 6-7 실제 사진에 가까운 이미지로 변경된 것을 확인할 수 있음.

▲그림 6-8 설정을 "사진"으로 변경 후 생성된 4장의 이미지 중 하나

06 그래도 아직 갈 길은 멀어 보입니다. 왼쪽 메뉴에서 ❶"효과" 부분에서 ❷"전체보기를 클릭해 주면 숨어있는 효과들이 전부 보여지게 됩니다. 이 중 2개를 추가할 예정입니다. 이 2 가지는 각각 다음과 같은 역할을 수행합니다.

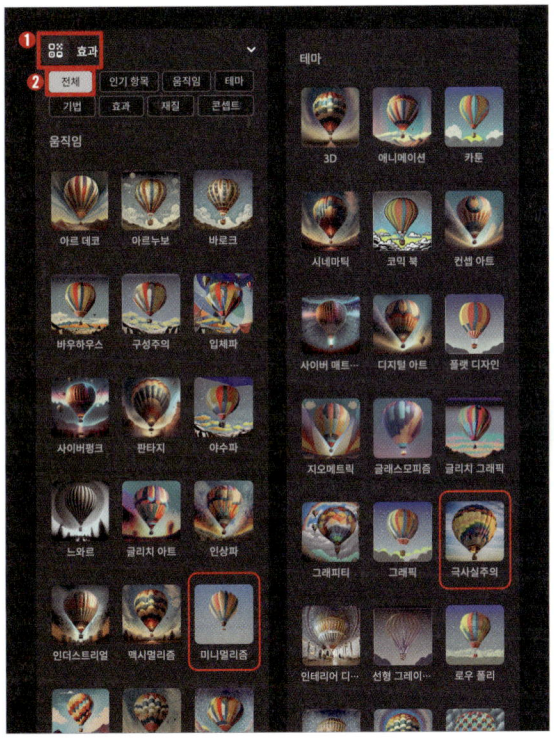

▲그림 6-9 수많은 효과들, 지금은 "미니멀리즘"과 "극사실주의"에 주목

- 효과 〉 움직임 〉 미니멀리즘: 피사체의 주변을 깔끔하게 정리해 줍니다.
- 효과 〉 테마 〉 극사실주의: 생성하는 이미지를 더욱 사실적으로 표현해 줍니다.

여기서 잠깐 효과와 조명, 카메라 각도, 색조 등을 소개해 드릴 수 있는 부분은 이미지를 만들면서 기능을 설명하겠지만, 모든 효과를 전부 설명할 수는 없습니다. 하지만 간단합니다. 매일 하루에 5개 정도를 여러분이 직접 눌러서 적용해 보고 어떤 효과를 쓰면 좋을지 익혀보세요. 놀라운 효과가 적용된 결과물은 여러분의 심장을 뛰게 할 수도 있을 것입니다.

07 그럼 두 가지 효과가 적용된 상태에서 생성하기를 클릭하면 어떻게 될까요? 바로 다음과 같습니다. 아직 얼음이 존재하지만 점점 간결해지는 것을 확인할 수 있습니다.

▲ 그림 6-10 "미니멀리즘"과 "극사실주의"가 적용되어 생성한 이미지 중 하나

08 그림 프롬프트를 다듬어 보도록 하겠습니다. 현재는 "물 덩어리"로 되어 있습니다만 조금 더 자세하게 써보도록 하겠습니다. 다음과 같이 글을 추가하였습니다.

"물 덩어리, 소용돌이처럼 모여 떠 있는 형태"

생성하기를 클릭하면 이렇게 변화합니다. 얼음은 사라졌습니다.

▲ 그림 6-11 프롬프트 "물 덩어리, 소용돌이처럼 모여 떠 있는 형태"가 적용되어 생성한 이미지 중 하나

09 우리가 원하는 것은 파란색 물이 아니죠. 그리고 동그란 모양으로 뭉쳐야 합니다. 그럼 프롬프트를 더 추가해 보도록 하겠습니다. 다음과 같이 글을 추가하였습니다.

> "맑고 투명한 렌즈 모양의 흰색의 물 덩어리, 소용돌이처럼 모여 떠 있는 형태"

생성하기를 클릭하면 이렇게 변화합니다. 가운데 둥근 모양의 투명한 물 소용돌이가 이제 윤곽을 드러내기 시작합니다.

▲ 그림 6-12 프롬프트 "맑고 투명한 렌즈 모양의 흰색의 물 덩어리, 소용돌이처럼 모여 떠 있는 형태"가 적용되어 생성한 이미지 중 하나

여기서 잠깐 렌즈 모양과 유사한 형태(원 모양, 구 모양, 둥근 등)의 다른 키워드로 바꾸어도 무방합니다. 만들고자 하는 사물의 형태를 다른 유사한 형태의 키워드로 매칭해주면 됩니다.(예 하트 모양)

10 전체적으로 더 채도를 낮추고 더 밝은 이미지로 바꾸는 과정과, 부자연스러운 물의 형태를 자연스럽게 변형해 주는 과정이 남았습니다. 마지막으로 프롬프트를 더 추가해 보도록 하겠습니다. 다음과 같이 글을 추가하였습니다.

> "맑고 투명한 렌즈 모양의 흰색의 물 덩어리, 소용돌이처럼 모여 떠 있는 형태,
> 주변에 물방울, 저 채도, 흰색 배경에 고립"

여기서 잠깐 "배경에 고립"이라는 단어는 여백을 두고 가운데에 위치할 경우에 쓰기 좋은 프롬프트입니다. 이 문장은 매우 자주 사용되니 꼭 기억해 두세요.

생성하기를 클릭하면 이렇게 변화합니다. 그럼 어떻게 될까요? 바로 우리가 목표로 한 이미지가 생성이 됩니다.

▲그림 6-13 프롬프트 "맑고 투명한 렌즈 모양의 흰색의 물 덩어리, 소용돌이처럼 모여 떠 있는 형태, 주변에 물방울, 저 채도, 흰색 배경에 고립"가 적용되어 생성한 이미지 중 하나

아래는 함께 생성된 일부 결과물입니다.

▲그림 6-14 같은 프롬프트로 생성한 다른 이미지

어떤가요? 조금만 자세하게 서술하여 프롬프트를 입력하면 사용하기에 손색이 없는 이미지가 생성됩니다. 심지어 글만으로 말이죠. 결국 자기가 만들고 싶은 것을 잘 표현하는 것이 가장 중요한 능력 중의 하나가 되었습니다. 이제부터는 쇼핑몰 상세페이지에서 많이 사용되는 이미지 위주로 과정은 생략하고 프롬프트와 최종 생성 이미지만 4개의 사례를 나열해보겠습니다. 중간중간 팁도 기재를 할 예정이니 계속 주의 깊게 봐주세요.

> 따라하기

6-2 반려동물 분야에 유용한 이미지 만들기

01 **프롬프트:** 혀를 내밀고 고개를 오른쪽으로 돌리며 행복해 하는 황금색 푸들을 두 손으로 들어올리는 모습, 구름 없는 하늘 배경에 고립, 손과 푸들만 보임, 옆에서 본 카메라 앵글, 사람은 보이지 않음

> **여기서 잠깐** 프롬프트에서 견종과 색깔만 바꾸면 같은 각도, 분위기의 다른 이미지가 생성됩니다.

02 **콘텐츠 유형:** 사진

03 **효과:** 미니멀리즘, 극사실주의, 시네마틱(보다 극적인 효과를 낼 수 있습니다.)

04 **조명:** 강렬한 조명(태양광이 필요할 경우에 사용합니다.)

05 **카메라 각도:** 클로즈업(피사체에 앵글이 집중됩니다.)

▲ 그림 6-15 최종 생성한 이미지

> 따라하기

6-3 건강식품 분야에 유용한 이미지 만들기

01 **프롬프트:** 위에서 보는 앵글, 거친 질감의 불규칙적인 모양의 나무 위에 흰색 절구, 절구 안에 흰색 꽃잎과 절구공이, 아이보리색 바닥에 고립

> **여기서 잠깐** 프롬프트에서 "흰색 꽃잎"을 다른 재료로 바꿔보세요. 같은 각도, 분위기의 다른 이미지가 생성됩니다.

02 **콘텐츠 유형:** 사진

03 **효과:** 미니멀리즘, 극사실주의

04 **조명:** 스튜디오 조명

05 **카메라 각도:** 90도 배치(위에서 바라보는 카메라 앵글로 바뀝니다.)

▲ 그림 6-16 최종 생성한 이미지

6-4 주방 용품 분야에 유용한 이미지 만들기

01 **프롬프트:** 따뜻한 색감, 스튜디오 촬영, 아이보리색 테이블 위에 놓인 흰색 도자기 밥그릇에 담긴 김이 모락모락 나고 윤기가 흐르고 광택이 나는 순수한 쌀만 있는 흰 쌀밥, 밝은 아이보리색 배경

> 프롬프트에서 "흰 쌀밥"을 다른 재료로 바꿔보세요. 같은 각도, 분위기의 다른 이미지가 생성됩니다.

02 **콘텐츠 유형:** 사진

03 **효과:** 미니멀리즘, 극사실주의

04 **색상 및 톤:** 따뜻한 색조

05 **조명:** 스튜디오 조명

06 **카메라 각도:** 클로즈업

▲그림 6-17 최종 생성한 이미지

| 따라하기 |

6-5 가족, 건강 분야에 유용한 이미지 만들기

01 **프롬프트:** 흰색 티셔츠를 입고 미소를 짓는 흰색 피부의 화장하지 않은 한국인 엄마가 흰색 티셔츠를 입고 미소를 짓는 어린 딸을 뒤에서 안고 있는 모습, 자연스러운 조명, 앞에서 본 각도, 얼굴 클로즈업, 흰색 커튼 배경에 고립

> **여기서 잠깐** 인물은 사물에 비해 많은 더 많은 시도를 해야 합니다. 아직 인물 모델에 대한 학습은 부족한 편입니다. 원하는 결과가 나올 때까지 반복해 주세요.

02 **콘텐츠 유형:** 사진

03 **효과:** 미니멀리즘, 극사실주의

04 **색상 및 톤:** 차분한 색상

05 **조명:** 강렬한 조명

06 **카메라 각도:** 클로즈업

▲ 그림 6-18 최종 생성한 이미지

> 따라하기

6-6 스포츠 용품 분야에 유용한 이미지 만들기

01 **프롬프트:** 골프를 치는 모자를 쓴 젊은 남자, 드라이버를 스윙하는 뒷모습, 실루엣, 역동적, 역광, 고개를 들고 하늘을 바라봅니다. 상반신 클로즈업, 부드러운 자연광, 하늘 배경에 고립

02 **콘텐츠 유형:** 사진

03 **효과:** 미니멀리즘, 극사실주의

04 **색상 및 톤:** 차분한 색상

05 **조명:** 극적인 조명(역광 사용으로 인한 실루엣 생성)

06 **카메라 각도:** 얕은 피사계심도(피사체는 선명하게, 배경은 흐리게 만들어 줍니다.)

▲ 그림 6-19 최종 생성한 이미지

마치며

Firefly의 "텍스트를 이미지로" 기능은 프롬프트(글)를 입력하면 이미지를 생성해 주는 기능입니다. 자세하게 입력할수록 원하는 이미지에 가깝게 구현됩니다. 당연히 처음에는 쓸 만한 이미지가 생성되기 어렵지만 매일 조금씩 노하우를 늘려가 보세요. 또한 다른 사람이 만든 이미지들을 갤러리(https://firefly.adobe.com/inspire/images)에서 볼 수 있으니 마음에 드는 이미지를 발견하면 해당 프롬프트를 복사하여 적용해 보세요. 과거에는 이미지를 이리저리 찾아다녔다면, 프롬프트로 이미지를 만드는 데 익숙해지면 어느덧 자연스레 글을 입력해서 이미지를 만들어내는 자신의 모습을 마주하게 될 것입니다.

다음 장은 "텍스트를 이미지로"의 연장선으로써 "스타일 참조" 기능에 대해서 알아보도록 하겠습니다.

7장

글을 쓰면 이미지를 만들어 주는 AI, 응용 편

지난 장에서 글로 이미지를 만드는 법을 익혔습니다. 그런데 글로 표현하기 어려운 느낌들이 존재하죠? 뭔가 꼬집어 말하기 어려운 느낌적인 느낌! 이번 장에서는 바로 그 가려운 부분을 해소하고자 합니다. 바로 내가 원하는 "스타일"로 이미지를 생성할 수 있는 기능이 있습니다. 스포츠에서 골을 넣기 전에 도움을 주는 어시스트라는 역할이 있는 것과 마찬가지로 이미지를 생성하는 과정을 도와주는 어시스트 이미지를 활용하는 것인데요. 원하는 이미지에 더 가깝게 생성할 수 있습니다.

이번 장을 익히면 얻는 것

Warming Up

Adobe Firefly 활용, 다섯 번째

이제 나름 숙련자가 되셨나요? 또 어도비의 Firefly를 사용해 보도록 하겠습니다.

Firefly로 바로 이동하려면?
https://firefly.adobe.com

Firefly는 브라우저에서 바로 이용 가능합니다.

역시 웹사이트에 먼저 접속해 주세요. 이후 단계는 3장과 동일합니다.

> 따라하기

7-1 화려한 스타일 이미지 만들기

프롬프트 입력의 원리는 생성할 이미지의 조건과 환경 등을 정해주는 원리임을 지난 시간을 통해 배웠습니다. 상상하던 것과 최종적으로 생성될 이미지가 맞아 떨어졌나요? 아마 아닌 경우도 많이 있을 거라 생각합니다. 프롬프트 입력만으로 해결되지 못한 부분을 바로 "스타일 참조"라는 기능으로 보완할 수 있습니다. 이 스타일 참조에 이미지를 업로드하면 그 업로드한 이미지의 스타일을 자동으로 인식하여 생성 과정에 포함시킵니다. 백문이 불여일견! 예제와 함께 살펴보도록 하겠습니다.

01 앞 장에서 생성한 이미지들과 동일한 프롬프트를 사용하되 "스타일 참조" 기능을 통해 이미지가 어떻게 다르게 생성되는지 살펴보도록 하겠습니다. 첫 번째로 생성한 소용돌이 형태의 물 효과를 기억하시나요? 과정은 이미 다루었기 때문에 중복 과정은 다루지 않도록 하겠습니다. 만약 과정이 기억나지 않으신다면 앞 장을 한번 더 따라해 보세요. 최종 생성한 이미지는 이 형태였습니다.

▲ 그림 7-1 앞 장에서 "프롬프트"만으로 생성한 이미지

02 우선 앞 장과 동일한 프롬프트와 조건 설정으로 다시 생성해 보겠습니다. 예상대로의 결과가 나왔습니다.

▲ 그림 7-2 동일한 프롬프트와 조건을 적용한 결과 화면

03 모든 과정은 앞 장과 동일합니다만 한 가지 다른 것이 있습니다. 바로 왼쪽 메뉴의 "스타일" 영역인데요. 여기에 이미지를 업로드할 수 있습니다. 그리고 "비주얼 강화"와 "강도"가 있는데요. 쉽게 풀어보자면 업로드한 이미지를 얼만큼 카피할 것인지 설정하는 부분입니다. 애매하면 둘 다 최대치로 설정하면 됩니다.

▲ 그림 7-3 강도 조절과 이미지 업로드 기능을 제공

> **여기서 잠깐** "갤러리 검색" 버튼을 클릭하시면 이미지 업로드를 하지 않더라도 여러 가지 샘플을 적용할 수 있습니다. 다만 이 기능은 사진보다는 아트에 더 최적화한 스타일을 많이 제공합니다. 따라서 아트 이미지를 적용해보고 싶을 경우 갤러리 검색에서 보이는 목록들도 한 번씩 적용해보는 것을 추천합니다.

04 그럼 우선 비주얼 강화와 강도를 항상 최대치로 조정한 상태에서 다음과 같은 이미지를 업로드해 보겠습니다. 우리의 목적은 다채로운 색상을 물에 적용하는 것입니다. 인터넷을 서핑하는 도중 마음에 드는 색감의 이미지를 찾아 다운로드 하였습니다.

▲그림 7-4 "스타일 〉 참조"에 업로드한 스타일 참소 이미지

> **여기서 잠깐**
> 스타일 참조용 업로드 이미지는 가능하면 저작권 무료 사이트에서 다운로드 해서 쓰는 것을 권장합니다. 법적인 문제보다는 인공지능의 윤리 문제 때문입니다. 저는 Pexel에서 이미지를 다운로드 하여 사용하고 있습니다. Pexels.com에는 기업용 무료 이미지를 다운로드 할 수 있습니다. 여러분께서 유/무료로 사용하고 있는 이미지 제공 서비스가 있다면 그 사이트를 이용해도 무방합니다. 무료일 경우는 워터마크, 출처 표기, 개인용/기업용 등을 철저하게 체크하고 사용하길 바랍니다.

05 업로드 후 스타일 참조 영역에 작게 미리보기가 가능하게 바뀌면 업로드 완료입니다.

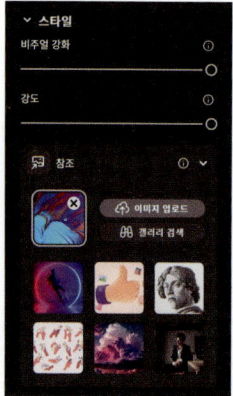

▲그림 7-5 업로드 이미지가 적용된 모습

06 우리의 목적은 "다양한 색상"의 물이기 때문에 프롬프트에서 색상 부분을 수정해 줍니다. 이때 특정 색상을 지정하지 않고 그냥 프롬프트에서 지워줍니다. 이유는 색감은 업로드 한 이미지를 인식하여 자동으로 생성해주기 때문입니다.

> 📁 **원래 프롬프트**
> 맑고 투명한 렌즈 모양의 ~~흰색의~~ 물 덩어리, 소용돌이처럼 모여 떠 있는 형태, 주변에 물방울, 저 채도, 흰색 배경에 고립
>
> ✨ **수정 후 프롬프트**
> 맑고 투명한 렌즈 모양의 물 덩어리, 소용돌이처럼 모여 떠 있는 형태, 주변에 물방울, 저 채도, 흰색 배경에 고립

07 프롬프트를 6번처럼 수정한 상태에서 "생성하기"를 클릭해 줍니다. 그럼 어떻게 될까요? 다음과 같은 이미지들이 생성됩니다.

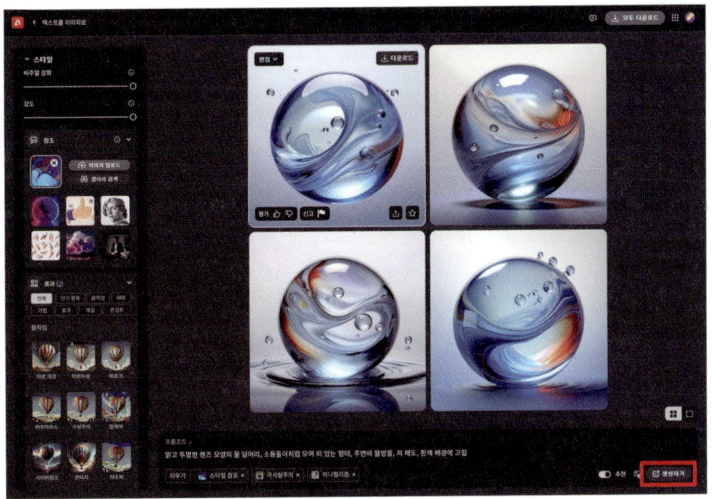

▲ 그림 7-6 참조 이미지의 색감과 스타일이 반영된 것을 확인할 수 있는 화면

08 최종 생성한 이미지 중 하나입니다.

▲ **그림 7-7** 최종 생성한 이미지

09 원리는 간단합니다.

"기본 프롬프트 + 스타일 참조 이미지 = 스타일을 참조한 새로운 이미지"

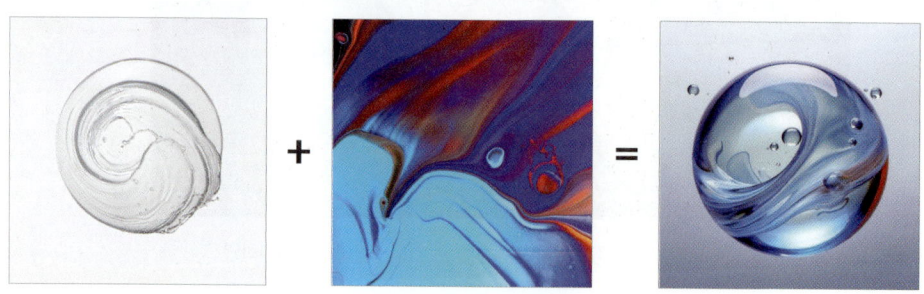

▲ **그림 7-8** 스타일 참조 이미지의 원리

10 이렇게 생성한 이미지는 보다 생생하고 색감이 화려한 제품에 적용하면 좋겠죠? 이렇게 응용하면 좋습니다.

▲ 그림 7-9 상품의 변화에 따른 디자인 응용(포토샵의 liquify 추가 보정)

 "Liquify"는 포토샵 필터의 기능 중 하나로써, 이미지를 액체처럼 누르고 당기는 기능입니다. 동그란 영역에서 특정 부분은 눌러서 집어 넣고, 특정 부분은 잡아서 빼는 형태로 활용합니다. 가장 흔하게 쓰는 사례는 인물 보정 시 턱이나 광대를 살짝 넣고 눌린 머리에 볼륨을 주는 형태로 많이 쓰입니다.

▲그림 7-10 상품 분위기에 맞게 효과 전환 비교

따라하기

7-2 자연스러운 조명 적용하기

01 약간 바랜듯한 느낌을 주고자 합니다. 이런 바랜듯한 갈색 음영의 톤을 세피아 톤이라 부릅니다. 프롬프트로 세피아 톤을 주고 조명의 설정을 바꾸어도 되지만 스타일 참조 이미지로 생성이 더 쉽게 가능합니다. 먼저 앞 장에서 생성한 이미지를 다시 보겠습니다.

▲그림 7-11 앞 장에서 "프롬프트"만으로 생성한 이미지

02 앞의 과정과 동일합니다. 스타일을 참조할 세피아 톤의 이미지는 다음과 같습니다.

▲그림 7-12 "스타일 〉 참조"에 업로드 한 세피아 톤의 스타일 참조 이미지

03 기존 프롬프트에서 수정할 부분 없이 유지합니다.

> 📁 **원래 프롬프트**
> 혀를 내밀고 고개를 오른쪽으로 돌리며 행복해 하는 황금색 푸들을 두 손으로 들어올리는 모습, 구름 없는 하늘 배경에 고립, 손과 푸들만 보임, 옆에서 본 카메라 앵글, 사람은 보이지 않음

04 최종 생성한 이미지 중 하나입니다.

▲ 그림 7-13 최종 생성한 이미지

05 스타일 참조 이미지 적용 전(좌)과 적용 후(우)의 비교입니다. 자연스럽게 약간 바래진 느낌으로 전환된 것을 확인할 수 있습니다.

▲ 그림 7-14 톤의 변화 비교

따라하기

7-3 자연스러운 인물 이미지 만들기

01 프롬프트 입력만으로는 외모에 대해서 다양한 결과를 얻기 어렵습니다. 동양인, 한국인, 일본인 등 거의 유사한 외모가 생성이 되는 단점이 있습니다. 그러나 이 단점을 스타일 참조 이미지로 보완할 수 있습니다. 먼저 앞 장에서 생성한 이미지를 다시 보겠습니다.

▲ 그림 7-15 앞 장에서 "프롬프트"만으로 생성한 이미지

02 앞의 과정과 동일합니다. 스타일을 참조할 이미지는 다음과 같습니다.

▲ 그림 7-16 "스타일 〉 참조"에 업로드 한 외모 참조 이미지

03 프롬프트에서 외모 관련된 내용을 전부 지웁니다.

> 📁 **원래 프롬프트**
> ~~흰색 티셔츠를 입고 미소를 짓는 흰색 피부의 화장하지 않은~~ 한국인 엄마가 ~~흰색 티셔츠를 입고~~ 미소를 짓는 어린 딸을 뒤에서 안고 있는 모습, 자연스러운 조명, 앞에서 본 각도, 얼굴 클로즈업, 흰색 커튼 배경에 고립
>
> ✨ **수정 후 프롬프트**
> 한국인 엄마가 미소를 짓는 어린 딸을 뒤에서 안고 있는 모습, 자연스러운 조명, 앞에서 본 각도, 얼굴 클로즈업, 흰색 커튼 배경에 고립

04 조건 설정에서 효과, 조명, 각도, 색상 및 톤을 해제합니다. 그러면 "사진"과 "스타일 참조"만 남습니다. 나머지는 스타일 참조 이미지를 카피할 예정이니 신경 쓰지 않으셔도 됩니다. 이후 생성하기를 클릭합니다. 최종 생성한 이미지 중 하나입니다.

▲ 그림 7-17 스타일 이미지의 외모를 분석하고 적용한 최종 생성 이미지

05 다른 인물은 어떻게 적용되는지 하나만 더 해 보도록 하겠습니다. 먼저 스타일 참조 이미지를 업로드 합니다.

▲ 그림 7-18 "스타일 〉 참조"에 업로드 한 외모 참조 이미지

06 생성하기를 클릭합니다. 최종 생성한 이미지 중 하나입니다.

▲ 그림 7-19 스타일 이미지의 외모를 분석하고 적용한 최종 생성 이미지

스타일 참조 이미지에 대한 감이 오나요? 다시 한번 얘기하지만 원리는 생성 이미지의 어시스트입니다. 인물 외모의 차별화를 하고자 하는 경우 꼭 필요한 기능이니 잘 따라해 보고 숙지하기를 바랍니다.

> 따라하기

7-4 실루엣 이미지 만들기

01 더 드라마틱한 느낌을 주기 위해 실루엣 이미지 또한 자주 사용되곤 합니다. 먼저 앞 장에서 생성한 이미지를 다시 보겠습니다.

▲그림 7-20 앞 장에서 "프롬프트"만으로 생성한 이미지

02 앞의 과정과 동일합니다. 스타일을 참조할 실루엣 느낌의 이미지는 다음과 같습니다.

▲ 그림 7-21 "스타일 〉참조"에 업로드 한 실루엣 스타일 참조 이미지

03 기존 프롬프트에서 수정할 부분 없이 유지합니다.

> 📁 **원래 프롬프트**
> 골프를 치는 모자를 쓴 젊은 남자, 드라이버를 스윙하는 뒷모습, 실루엣, 역동적, 역광, 고개를 들고 하늘을 바라봅니다. 상반신 클로즈업, 부드러운 자연광, 하늘 배경에 고립

04 색상과 톤은 스타일 이미지를 참조하므로, 조건에서 지워줍니다.

05 최종 생성한 이미지 중 하나입니다.

▲그림 7-22 실루엣이 극대화된 최종 생성 이미지

06 스타일 참조 이미지 적용 전(좌)과 적용 후(우)의 비교입니다. 실루엣이 더 극대화된 것을 확인할 수 있습니다.

▲그림 1-23 실루엣의 강도 변화 비교

마치며

Firefly의 "텍스트를 이미지로" 기능 중 "스타일 참조 이미지"는 생성할 이미지의 스타일을 정해주는 역할을 합니다. 만약 원하는 스타일이 있다면 이 기능을 사용하여 원하는 결과물에 최대한 근접하도록 이미지를 생성해 보길 바랍니다. 이제 Firefly에 대한 기본적 기능은 어느 정도 체험을 해보았습니다. 꾸준히 연습해서 자기 것으로 만들기를 바랍니다.

다음 장부터는 "상품 사진 1장으로 시작하는 마법 같은 연출"을 주제로 총 9화에 걸쳐 다룰 예정입니다.

8장

제품 사진만 있으면 스튜디오 촬영처럼 연출해 주는 AI

상품 사진 한 장이 있습니다. 가끔 분위기도 바꾸고 싶고, 세련미를 뽐내고 싶기도 합니다. 그 때마다 스튜디오에 촬영을 요청합니다. 이 과정과 비용을 생략하고 빠르게 원하는 이미지를 얻고 싶다는 생각을 해 본 적이 있는지요? 작게는 소품부터 크게는 가구에 이르기까지 상품의 사이즈와 상관없이 불과 몇 초 만에 이것을 실현할 수 있습니다.

이번 장을 익히면 얻는 것

Warming Up

Flair AI 소개

앞으로 몇 장에 걸쳐 사용할 프로그램은 Flair AI입니다. 이것을 사용하여 다양한 상품과 함께 다양한 연출을 해보도록 하겠습니다.

Flair AI는 무료 버전과 Pro 버전, Pro+버전이 있습니다.

- 무료 버전은 생성 개수 제한(월 10장)과 실시간 반영이 되지 않는 단점이 있지만 간단하게 테스트를 해보는 용도로 좋습니다.
- Pro 버전(개인용)은 월 $10, Pro+ 버전(기업용)은 월 $35입니다. Pro 버전을 먼저 사용해 보고 충분히 가치 있다 판단한다면 Pro+ 버전을 구독하기 바랍니다.

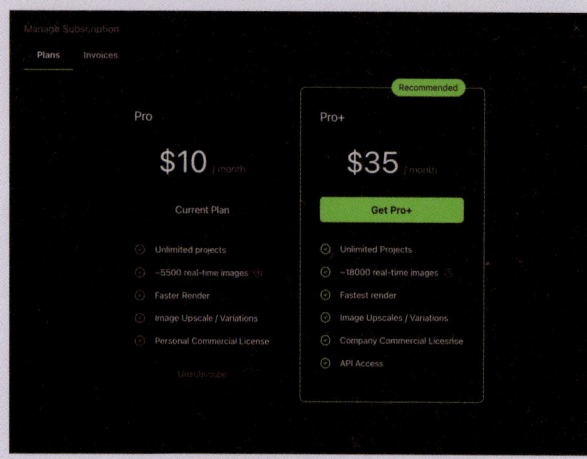

▲그림 8-1 Flair AI의 가격 정책과 기능

▲그림 8-2 Flair AI의 로고

Flair AI로 바로 이동하려면?
https://flair.ai

Flair AI는 브라우저에서 바로 이용 가능합니다.

01 먼저 웹사이트에 접속해 주세요(URL 참조). 이후 화면의 가운데에 있는 "Get Started – it's Free" 버튼을 클릭합니다.

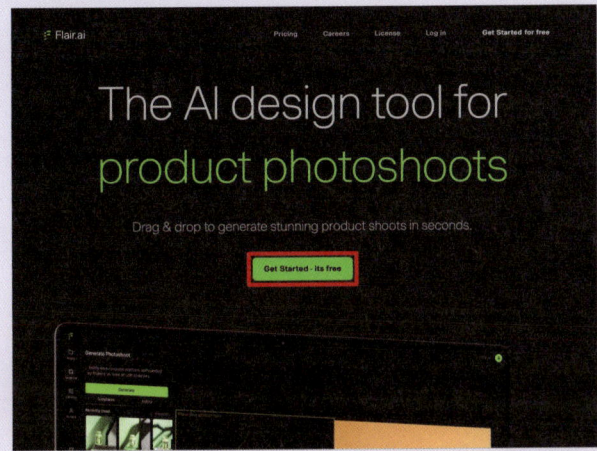

▲ 그림 8-3 Flair AI의 메인 화면

02 이후 회원가입 창이 보입니다. 구글 또는 개인 이메일 중 편한 방법으로 가입하면 됩니다.

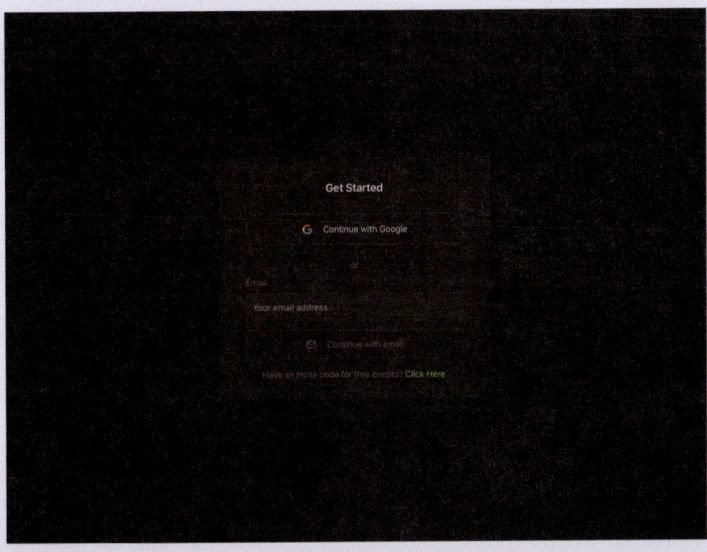

▲ 그림 8-4 회원가입 방법을 선택하는 페이지

03 어떠한 방법을 선택하여도 구글메일, 혹은 직접 입력한 이메일로 다음과 같은 메일이 발송됩니다. "Get Started"를 클릭하시면 회원가입 완료입니다. 이후 해당 계정으로 로그인하면 됩니다.

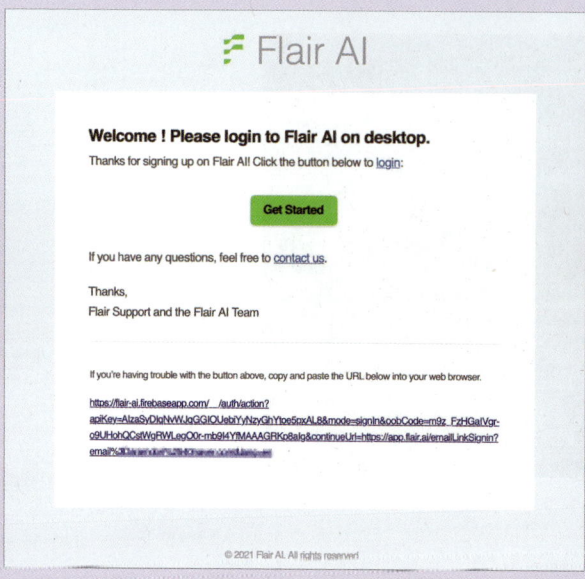

▲ 그림 8-5 회원가입 수락을 요청하는 내용의 이메일

따라하기

8-1 기본 제작 원리를 이해해보는 예제

로그인 이후 한 장의 결과물을 만들기까지 과정을 통해 기본 제작 원리를 이해해 보도록 하겠습니다. 한 번 따라해 보세요.

01 먼저 위의 과정을 통해 회원 가입을 완료한 후 로그인을 하면 보이는 첫 화면입니다.

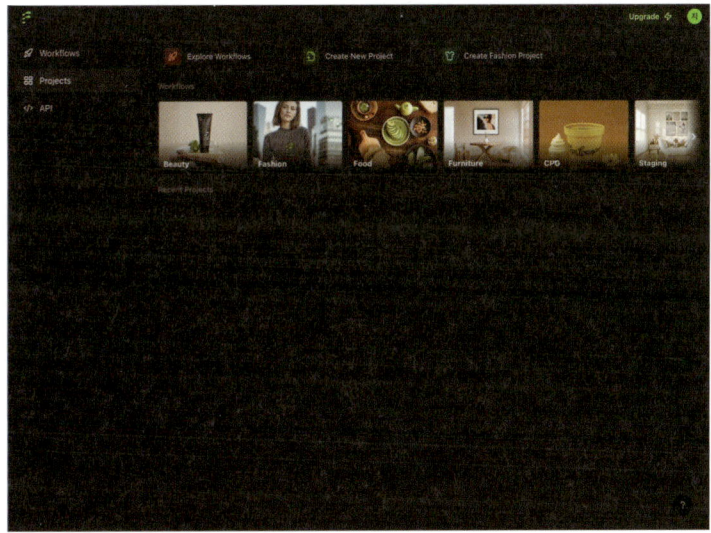

▲ 그림 8-6 로그인 후 보이는 화면

02 작업 공간을 만들기 위해 상단의 메뉴 중 ❶"Create New Project"를 클릭합니다.

▲ 그림 8-7 "Create New Project(가운데 버튼)"을 클릭하세요.

03 "Create New Project"를 클릭한 이후 화면이 이렇게 변환합니다. 이 페이지는 모든 작업이 시작되는 초기 화면입니다. 기본적으로 상품 1개와 배경 및 장식이 적용되어 있습니다.

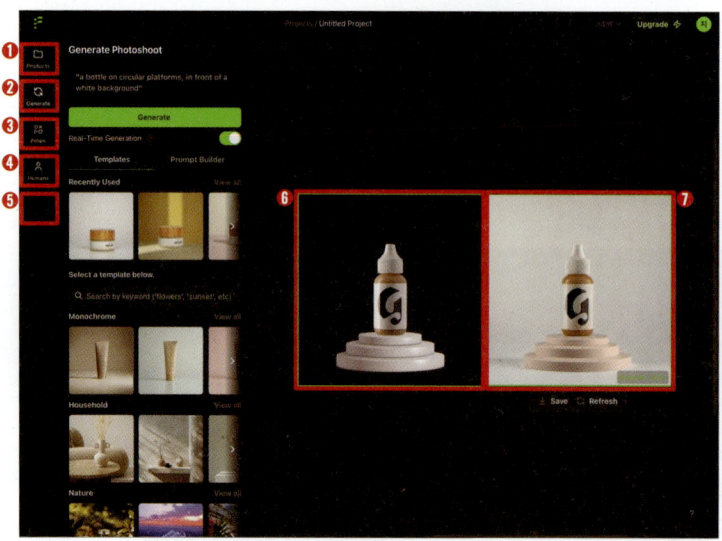

▲그림 8-8 "Create New Project" 클릭 후 초기 화면

간단한 인터페이스 설명입니다. 크게 5가지의 메뉴가 있습니다. 메뉴 안의 기능들은 추후 제작 과정에서 설명하도록 하겠습니다. 일단 5가지만 숙지하세요.

❶ **Products**: 업로드한 상품이 저장되는 곳입니다.
❷ **Generate**: 배경 템플릿과 프롬프트를 제공하고 이미지를 생성하는 메뉴입니다.
❸ **Props**: 부가적인 장식 요소를 제공하는 메뉴입니다.
❹ **Humans**: 인물 및 인체의 요소를 제공하는 메뉴입니다.
❺ **Edit**: 디테일의 보완이나 유사 이미지의 생성 등 부가 기능을 제공하는 메뉴입니다.

그리고 오른쪽에 두개의 정사각형 영역이 있는데 ❻왼쪽은 제작을 위한 캔버스, ❼오른쪽은 실시간 이미지의 미리보기입니다.

04 윗부분을 보면 "Projects / Untitled Project"라는 영역이 있는데 이것은 프로젝트의 이름을 만드는 곳입니다. 추후 관리하기 쉽도록 만들면 됩니다. 해당 부분을 클릭하면 변환이 가능하며 필자는 편의상 "Cosmetic_01"이라고 기입하겠습니다.

▲그림 8-9 프로젝트 이름 변경, 더블 클릭으로 변경 가능.

05 이제 이 가상의 상품을 지우고 우리 상품으로 이미지를 제작해 보도록 하겠습니다. 당연히 먼저 원래 있던 상품과 장식 요소를 모두 지워줍니다. 지우는 방법은 선택 후 마우스 오른쪽을 클릭 후 "Delete"를 눌러 주면 됩니다.

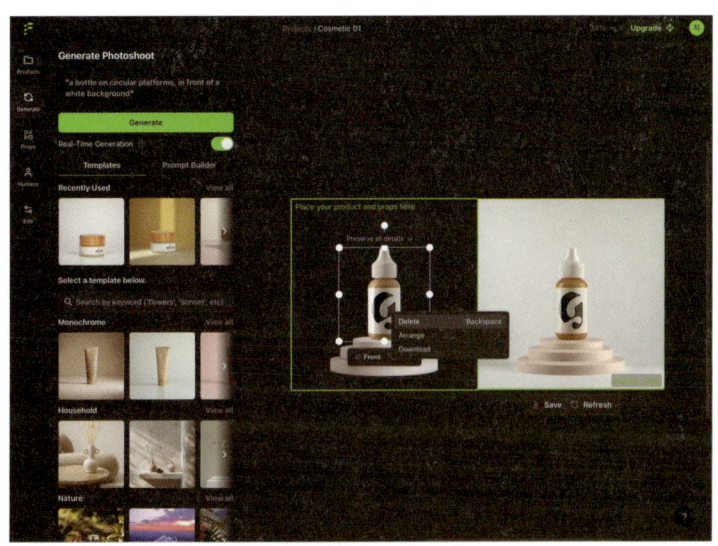

▲ 그림 8-10 선택 후 마우스 오른쪽을 클릭하면 보이는 메뉴

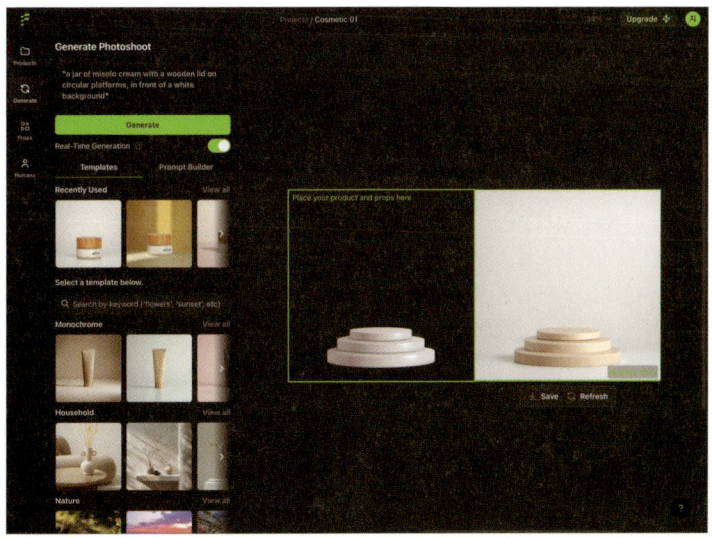

▲ 그림 8-11 Delete를 눌러 삭제가 된 모습

06 동일하게 동그란 계단 모양의 단상도 지워줍니다. 전부 지우면 점선 모양의 영역이 나옵니다. 이제 새로운 상품을 업로드 할 준비가 끝냈습니다. 오른쪽의 미리보기 이미지는 무시해도 됩니다.

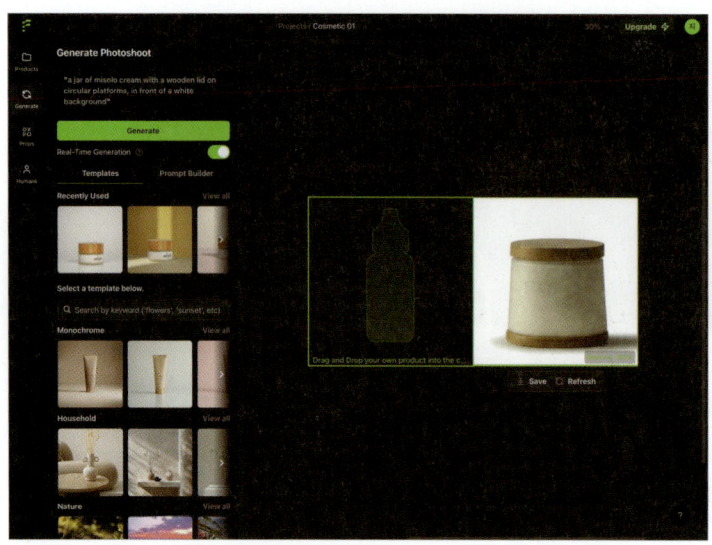

▲ 그림 8-12 모든 것을 지운 화면

07 이제 실제로 촬영한 이미지를 업로드 해보겠습니다. 먼저 업로드 이미지는 다음과 같습니다.

▲ 그림 8-13 실제로 업로드할 상품 이미지

08 　왼쪽 메뉴에서 "Products"를 클릭한 후 바로 오른쪽에 있는 "Upload Product Photo"를 클릭하면 업로드 할 수 있습니다.

▲ 그림 8-14 Products를 클릭하면 보이는 "Upload Product Photo" 버튼

09 　업로드 버튼을 누르고 파일을 선택하게 되면 뜨는 첫번째 팝업입니다. 이 팝업은 이미지의 배경을 투명하게 제거할 것인지를 묻는 팝업입니다. 당연히 제거해야지요? ❶"Remove"를 클릭합니다.

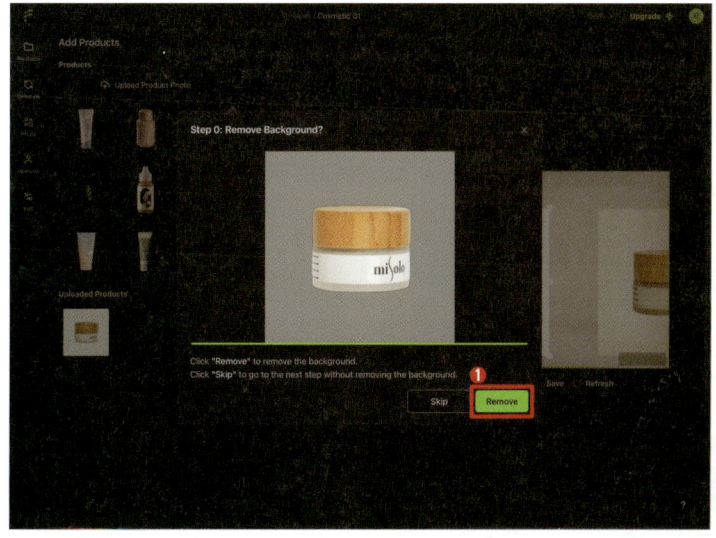

▲ 그림 8-15 업로드 과정 중 첫 번째. 상품 주변의 배경을 지우기 위해 "Remove" 버튼을 클릭해 주세요.

제품 사진만 있으면 스튜디오 촬영처럼 연출해 주는 AI / 117

10 두번째 뜨는 팝업입니다. 해당 상품을 글로 설명하는 문구가 표시됩니다. 이 문구는 프롬프트로 전환하여 사용해도 좋고 이미지의 대체 문구로 사용해도 좋습니다. 이 설명은 추후 프롬프트 영역을 설명할 때 다시 얘기하도록 하겠습니다. 이번에는 ❶ "Continue"를 클릭하여 다음 단계로 이동하겠습니다.

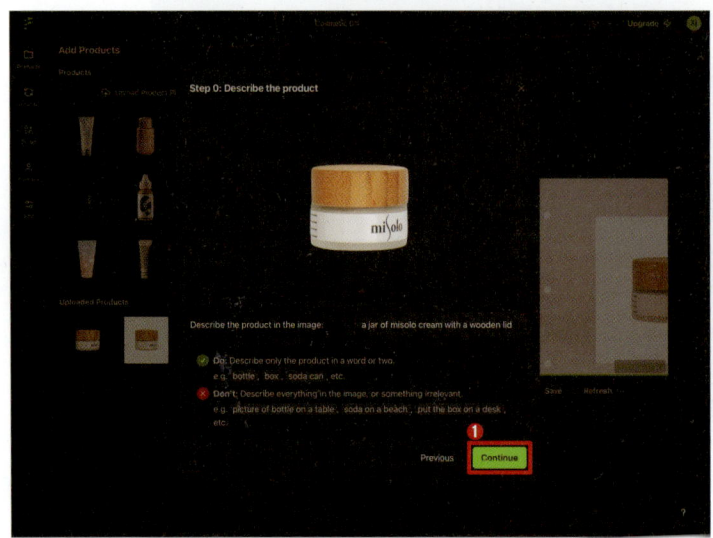

▲ 그림 8-16 업로드 과정 중 두 번째, "Continue" 버튼을 클릭해 주세요.

11 업로드가 완료되면 화면과 같이 왼쪽에는 업로드 이미지, 오른쪽에는 미리보기 이미지가 생성됩니다.

▲ 그림 8-17 업로드 후 화면

12 업로드 후 이미지를 선택한 상태에서 꼭 해줄 것이 있습니다. 업로드 이미지의 변형 없이 그대로 구현하기 위해서 옵션에서 ❶"Preserve all details"를 선택해 주세요. 아마 기본으로 선택되어 있기는 하지만 그래도 체크하면 좋습니다. 이 옵션을 선택하면 상품이 변형되는 것을 막을 수 있습니다.

▲ 그림 8-18 "Preserve all details" 선택을 확인해 주세요.

13 물체를 늘이거나 줄일 경우에는 먼저 옵션에서 ❶"Keep color & shape"를 선택해 주세요. 디테일을 제외한 색상과 형태를 유지해주는 역할입니다. 이 옵션을 선택하면 크기를 줄이거나 위치를 이동해도 상품의 비율이 훼손되지 않습니다.

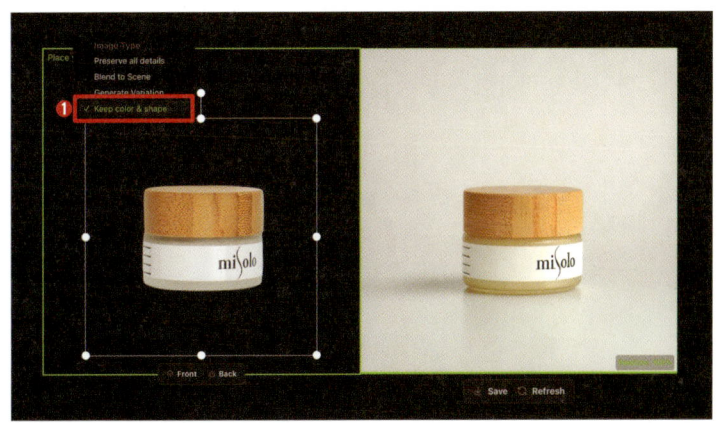

▲ 그림 8-19 "Keep color & shape" 선택을 확인해 주세요.

14 이제 상품을 원하는 크기, 원하는 위치에 배치해 주세요. 저는 살짝 아래로 배치해 보도록 하겠습니다. 선택한 상태에서 아래로 내려주면 됩니다. 이후 다시 ❶"Preserve all details"을 선택하시면 다음과 같이 상품의 훼손 없이 아래로 위치가 변경되었습니다.

▲ 그림 8-20 상품의 위치를 아래로 내린 화면

15 배경을 바꾸어 보도록 하겠습니다. 배경은 Generate 〉 Templets가 선택된 상태에서 MonoChrome부터 Beach까지 다양한 스타일로 변경이 가능합니다. 필자는 Monochrome에서 "on pink floor in front of a white wall with shadows"를 선택했습니다. 이 화면에서 보이는 썸네일이 "on pink floor in front of a white wall with shadows"입니다. 이 용어는 매우 어렵습니다. 따라서 이 용어를 찾지 말고 템플릿의 썸네일 중에 바꾸고자 하는 스타일을 이미지를 보고 선택하면 됩니다. 이 스타일은 다음과 같은 미리보기 썸네일로 제공합니다. 이 중에서 마음에 드는 스타일을 클릭하면 자동 적용됩니다.

▲ 그림 8-21 Templates 〉 MonoChrome에서 제공되는 스타일 모음

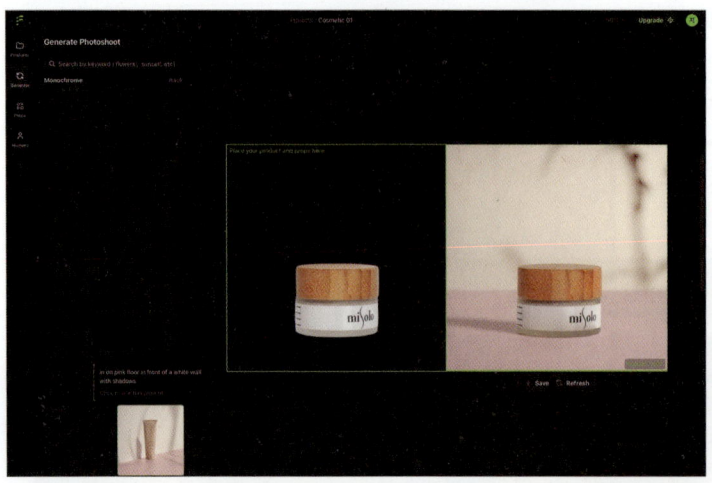

▲ 그림 8-22 Monochrome에서 썸네일 이미지를 클릭하여 "on pink floor in front of a white wall with shadows" 스타일 적용.

16 동일한 원리로 장식을 하나만 넣어 보도록 하겠습니다. "Props 〉 Plants and Natural Elements"에서 원하는 요소를 클릭합니다. 필자는 다음과 같은 요소를 넣었습니다.

▲ 그림 8-23 Props 〉 Plants and Natural Elements 〉 branch with flower buds

이쯤 되면 궁금한 것이 있죠? 썸네일만 있는데 "branch with flower buds"라는 요소의 이름은 어떻게 알 수 있을까요? 답은 간단합니다. Generate에서 Templates 우측의 "Prompt Builder"를 클릭하면 다음과 같은 영역이 보입니다. 이 영역에서 Product - 상품, Placement - 장소, 배경 Surrounding - 장식, 요소를 나타냅니다. 지금까지 따라한 분이라면 Surrounding에 "branch with flower buds"이라고 표기가 되어 있을 것입니다.

17 장식을 클릭하면 보이는 화면입니다. 장식 요소가 가운데에 배치되어 있습니다.

▲ 그림 8-25 장식 요소를 클릭하면 배치되는 초기 화면

18 상품과 마찬가지 과정으로 크기와 위치를 조정해 줍니다. 이 때 선택 영역 밖으로 돌출된 동그라미를 클릭하면 이미지를 회전할 수 있습니다. 저는 다음과 같이 배치하였습니다.

▲ 그림 8-26 장식의 배치, 오른쪽 미리보기로 확인 가능

이 때, 장식 요소를 클릭한 상태에서 ❶"Back"을 누르면 화장품의 뒤로 이동합니다. 그에 맞게 배치를 바꾸면 됩니다.

▲그림 8-27 장식을 상품의 뒤로 배치, 오른쪽 미리보기로 확인 가능

기운 내세요! 다 왔습니다.

19 이제 이미지를 저장만 하면 됩니다. 오른쪽 미리보기 이미지 하단의 ❶"Save"를 눌러주세요. 그러면 미리보기 이미지 오른쪽에 다음과 같이 최종 저장할 이미지가 추가로 생성이 됩니다.

▲그림 8-28 최종 저장할 이미지가 오른쪽으로 추가로 생성됨.

20 가장 오른쪽의 이미지를 선택하면 왼쪽 영역에서 "Edit" 메뉴가 활성화 됩니다. 가장 아래쪽을 보면 저장 옵션이 있습니다. 이 옵션에서 두 가지를 선택할 수 있는데 바로 이미지 크기와 저장 포맷입니다. 특수한 경우를 제외하면 크기는 2배수, 저장 포맷은 JPG로 선택하고 "Download image"를 클릭하면 됩니다.

▲그림 8-29 2배수 크기와 JPG가 선택된 상태

21 상품 사진과 배경, 장식 요소를 조합하여 AI가 만들어 준 최종 이미지입니다.

▲그림 8-30 최종 생성 이미지

마치며

Flair AI는 현재까지는 가장 높은 퀄리티를 보여주는 이미지 편집 AI입니다. 특히 이번 장은 기본원리를 습득하는 데 있어 가장 핵심인 내용이 담겨 있으므로 꼭 숙지하고, 얼마나 익혔는지에 따라 앞으로의 난이도가 결정되기 때문에 두 번, 아니 세 번씩 해보세요. 다음 장은 화장품 및 잡화를 멋지게 한번 만들어 보겠습니다.

9장

화장품 사진만 있으면 스튜디오 촬영처럼 연출해 주는 AI

지난 장에서 Flair AI의 기본 인터페이스와 이미지 제작 방법에 대해서 익혔습니다. 지난 장에서 익힌 방법으로 9개의 장에 걸쳐 카테고리 별로 예제를 제작해 보는 내용을 담고자 합니다. 제작 과정은 이미 다루었으므로 원본 이미지와 생성된 이미지의 변화를 위주로 간단하게 비교해보는 내용으로 진행하도록 하겠습니다. 참고로 총 9개의 장으로 진행되며 순서는 다음과 같이 진행됩니다.

- 화상품
- 패션/잡화
- 푸드
- 전자 제품
- 인테리어/소품
- 야외촬영
- 피팅 모델 기초
- 피팅 모델 응용
- 추가적인 팁

이번 장을 익히면 얻는 것

Warming Up

Flair AI 활용, 첫 번째

앞으로 7개의 장에 걸쳐 Flair AI를 계속 사용하도록 하며 당분간 다른 툴을 잠시 잊어도 됩니다. 복잡한 과정에 대한 설명은 8장에서 다루었으므로 제작 과정보다는 결과물 위주로 나열해 보도록 하겠습니다. 과정은 이미지와 설명을 보시면 쉽게 따라할 수 있도록 정리했으며 쇼핑몰에서 많이 보던 이미지 스타일 위주로 만들어 보았습니다.

Flair AI로 바로 이동하려면?
https://flair.ai

9-1 담백하고 깨끗한 연출하기

01 화장품 1개와 그에 맞는 배경을 적용해 봅니다. 먼저 "업로드 이미지"입니다.

▲그림 9-1 화장품 업로드 이미지

02 과정입니다. 템플릿을 이미지로 보려면 그림 9-2를 참조해 주세요.
- Product: 업로드 이미지(설정 값 Preserve all details)
- Templates: Monochrome 〉 a light grey background.

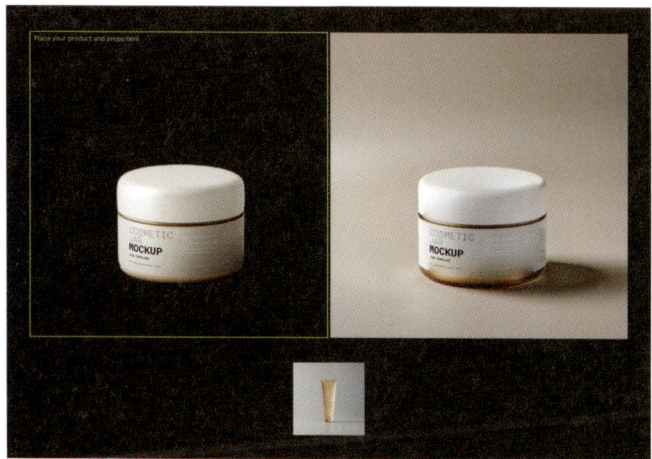

▲그림 9-2 화장품 기본 이미지 + 템플릿 썸네일 적용 과정

03 최종 생성한 이미지입니다.

▲그림 9-3 최종 생성 이미지

| 따라하기 |

9-2 크림 질감 구현하기

01 화장품 1개와 장식 요소 1개, 그리고 그에 맞는 배경을 적용해 봅니다. 이번에는 기본 제공 이미지를 사용하겠습니다.

▲그림 9-4 기본 제공 이미지(a skincare bottle)

02 과정입니다. 템플릿과 장식 요소를 이미지로 보려면 그림 9-5를 참조해 주세요.

- Product: 기본 제공 이미지, a skincare bottle. (설정 값 Preserve all details)
- Templates: Monochrome 〉 a white background.
- Props: Cosmetics 〉 tan cosmetic swatch. (설정 값 Preserve all details, 상품보다 뒤로 배치)

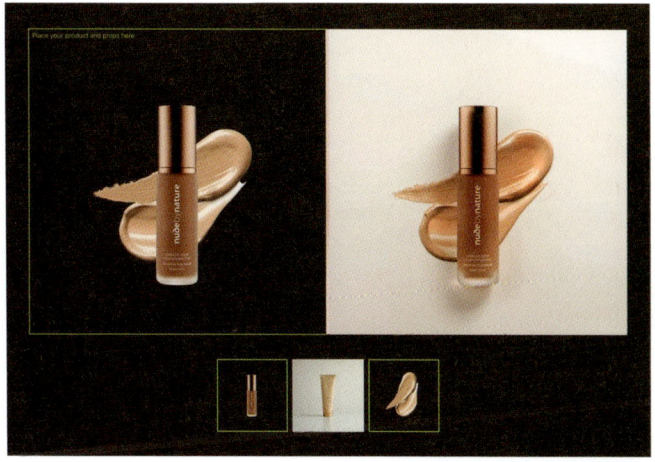

▲그림 9-5 화장품 기본 이미지 + 템플릿 썸네일 + 장식 요소 적용 과정

03 최종 생성한 이미지입니다. 많이 쓰이는 형태이니 기억해 주세요.

▲ 그림 9-6 최종 생성 이미지

9-3 립스틱 2개 연출하기

01 화장품 1개와 장식 요소 1개, 그리고 그에 맞는 배경을 적용해 봅니다. 이미지 두 장을 업로드 합니다.

▲그림 9-7 업로드 이미지 첫 번째

▲그림 9-8 업로드 이미지 두 번째

02 과정입니다. 템플릿을 이미지로 보려면 그림 9-9를 참조해 주세요.

- Product: 기본 제공 이미지 2개 (설정 값 Preserve all details)
- Templates: Monochrome 〉 a white quartzite rock surrounded by little purple flowers in front of a light-coloured background, clean and uncluttered.

▲그림 9-9 화장품 기본 이미지 2개 + 템플릿 썸네일 적용 과정

03 최종 생성한 이미지입니다. 상품 자체의 품격도 올라가는 느낌입니다.

▲ 그림 9-10 최종 생성 이미지

| 따라하기 |

9-4 자연과 하나되는 연출하기

01 자연의 향을 느낄 수 있는 세럼이 있습니다. 이미지 한 장을 업로드 합니다.

▲그림 9-11 업로드 이미지

02 과정입니다. 템플릿을 이미지로 보려면 그림 9-12를 참조해 주세요.
- Product: 기본 제공 이미지 2개 (설정 값 Preserve all details)
- Templates: Nature 〉 on wet pebbles in a pond surrounded by moss and tiny leaves and flowers with bush, in front of a rocky forest.
- Props: Rocks and Natural Elements 〉 Bush (설정 값 Preserve all details)

▲그림 9-12 화장품 기본 이미지 1개 + 템플릿 썸네일 + 장식 요소(이끼) 적용 과정

03 최종 생성한 이미지입니다. 자연의 향이 나는 느낌입니다.

▲ 그림 9-13 최종 생성 이미지

> 따라하기

9-5 제품을 기울여보기

01 이미지 한 장을 업로드 합니다.

▲ 그림 9-14 업로드 이미지

02 과정입니다. 템플릿을 이미지로 보려면 그림 9-15를 참조해 주세요.

- Product: 업로드 이미지 (설정 값 Preserve all details)
- Templates: Platforms 〉 on grey concrete platform display in a muted room with bush.
- Props 1: Photoshoot Props 〉 black sphere and stone (설정 값 Preserve all details)
- Props 2: Rocks and Natural Elements 〉 stone (설정 값 Generated variation)

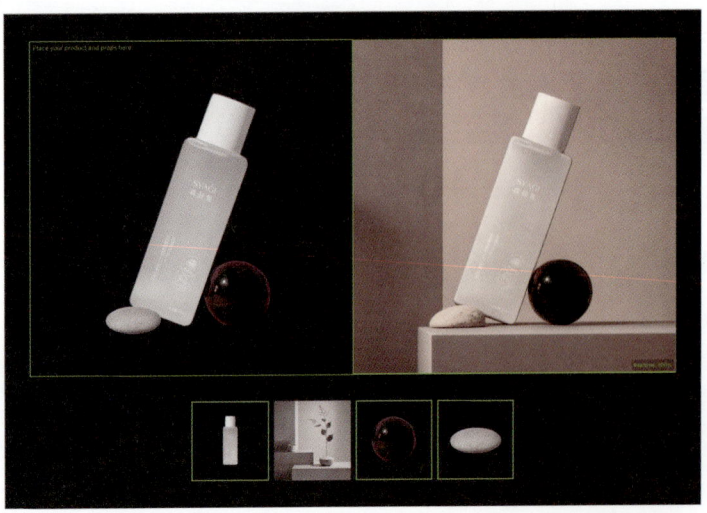

▲ 그림 9-15 화장품 기본 이미지 1개 + 템플릿 썸네일 + 장식 요소(검은 구) + 장식 요소(납작한 돌) 적용 과정

03 최종 생성한 이미지입니다. 돌을 사용하여 자연스럽게 기울였습니다.

▲ 그림 9-16 최종 생성 이미지

| 따라하기 |

9-6 떠 있는 구도 연출하기

01 이미지 한 장을 업로드 합니다.

▲ 그림 9-17 업로드 이미지

2. 과정입니다. 템플릿을 이미지로 보려면 그림 9-18을 참조해 주세요.

- Product: 업로드 이미지 (설정 값 Preserve all details)
- Templates: Monochrome 〉 in front of bright yellow background.
- Props: Fruit 〉 peach 7개 (설정 값 Blend to scene)

▲ 그림 9-18 화장품 기본 이미지 1개 + 템플릿 썸네일 + 장식 요소(복숭아 7개)

03 최종 생성한 이미지입니다. 자연스럽게 상품 근처에 복숭아가 배치되었습니다.

▲ 그림 9-19 최종 생성 이미지

마치며

화장품 분야에 많이 보던 이미지를 제작해 보았습니다. 충분히 활용 가능하다고 생각이 들지 않나요? 이런 이미지를 제작하여 사용해 보면 브랜딩 측면에서도 경쟁사에 비해 우월한 부분을 갖게 됩니다. 이 이미지들은 서막입니다. 다양한 카테고리를 예제를 통해 더욱 다양하게 만들어 보도록 하겠습니다.

다음 장은 패션/잡화 분야에 사용할 수 있는 이미지를 제작해 보겠습니다.

10장

패션/잡화 제품 사진만 있으면 스튜디오 촬영처럼 연출해 주는 AI

지난 장에서 Flair AI로 화장품 이미지를 편집해보았습니다. 이번 장에서 진행할 상품 카테고리는 "패션/잡화"입니다.

이번 장을 익히면 얻는 것

Warming Up

Flair AI 활용, 두 번째

앞장 포함하여 앞으로 7개 장에 걸쳐 Flair AI를 계속 사용하도록 하며 당분간 다른 툴은 잠시 잊어도 됩니다. 원리와 사용법이 기억나지 않는다면 8장을 다시 한번 복습해보고 학습을 이어가기 바랍니다. 이번 장에서는 제작 과정은 8장을 참고하면 쉽기 때문에 결과물 위주로 학습해 보도록 하겠습니다. 이전 장처럼 쇼핑몰에서 많이 보던 이미지 스타일 위주로 만들어 봅니다.

Flair AI로 바로 이동하려면?
https://flair.ai

| 따라하기 |

10-1 주얼리를 고급스럽게 연출하기

01 반지 이미지 1장을 업로드 하겠습니다. 2개의 반지가 포개어 있는 형태입니다.

▲ 그림 10-1 반지 업로드 이미지

02 과정입니다. 먼저 템플릿 "Jewelry"에서 "a platform surrounded by soft silky …" 이미지를 클릭합니다. 그럼 캔버스의 왼쪽 영역에 해당 템플릿이 적용됩니다(그림 10-2 참조).

▲ 그림 10-2 템플릿 Jewelry의 "a platform surrounded by soft silky …"가 적용된 화면

03 보이는 반지를 지우고 그림 10-1의 반지를 업로드 후 삽입해 줍니다. 그리고 적당한 위치에 크기를 조절하여 배치해 주세요, 이후 "Generate"를 클릭해 주세요(그림 10-3 참조).

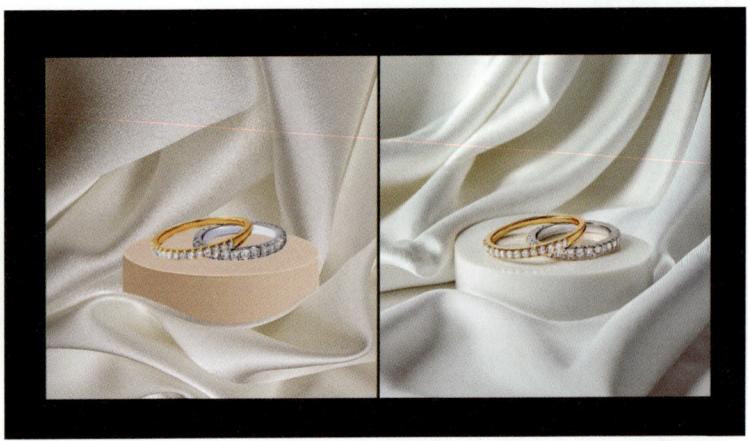

▲ 그림 10-3 원래 반지를 지우고 새로 업로드 한 반지를 삽입한 형태

이 때 옵션 설정 값은 다음과 같습니다.

- 업로드한 반지 이미지: Preserve all details (자동으로 설정되어 있음)
- 가장 앞쪽에 위치한 친: Gencrate Variation (자동으로 설정되어 있음)
- 원기둥 형태의 조형물: Blend to Scene (자동으로 설정되어 있음)
- 천 모양의 배경: Generate Variation (자동으로 설정되어 있음)

04 최종 생성한 이미지입니다.

▲ 그림 10-4 최종 생성 이미지

따라하기

10-2 가방을 천으로 감아보기

01 가방 1개가 공중에 떠 있고 천이 감싸고 있는 이미지를 만들어 보겠습니다. 먼저 "업로드 이미지"입니다.

▲ 그림 10-5 가방 업로드 이미지

02 과정입니다. 먼저 템플릿 "Flying"에서 "a red silky …" 이미지를 클릭합니다. 그럼 캔버스의 왼쪽 영역에 해당 템플릿이 적용됩니다(그림 10-6 참조).

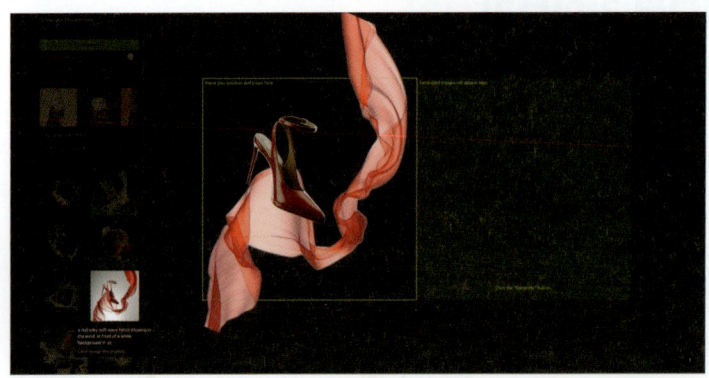

▲ 그림 10-6 템플릿 Flying의 "a red Silky …"가 적용된 화면

03 가방 이미지를 업로드 하고 구두를 지우고 가방을 삽입해 줍니다. 그리고 적당한 위치에 크기를 조절하여 배치해 주세요, 이후 "Generate"를 클릭해 주세요(그림 10-3 참조).

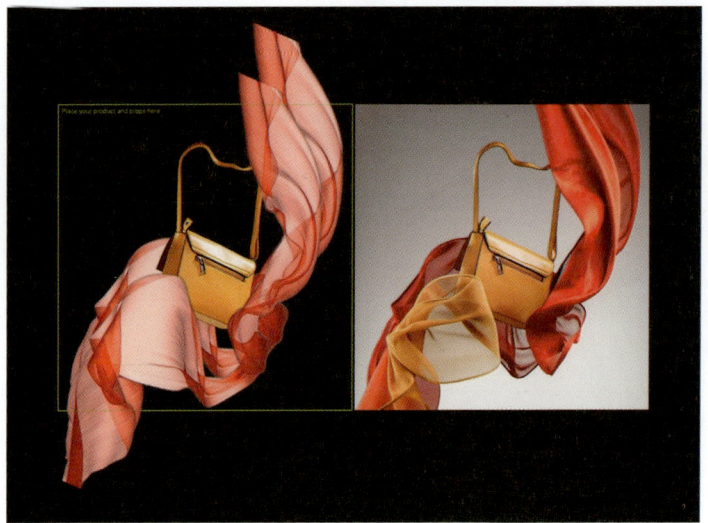

▲ 그림 10-7 구두를 지우고 가방을 삽입한 형태

이 때 옵션 설정 값은 다음과 같습니다.

- 업로드한 가방 이미지: Preserve all details (자동으로 설정되어 있음)
- 가방 앞쪽에 위치한 천: Generate Variation (자동으로 설정되어 있음)
- 가방 뒤쪽에 위치한 천: Keep color & shape (자동으로 설정되어 있음)
- 배경: Monochrome 〉 a white background (자동으로 설정되어 있음)

04 최종 생성한 이미지입니다.

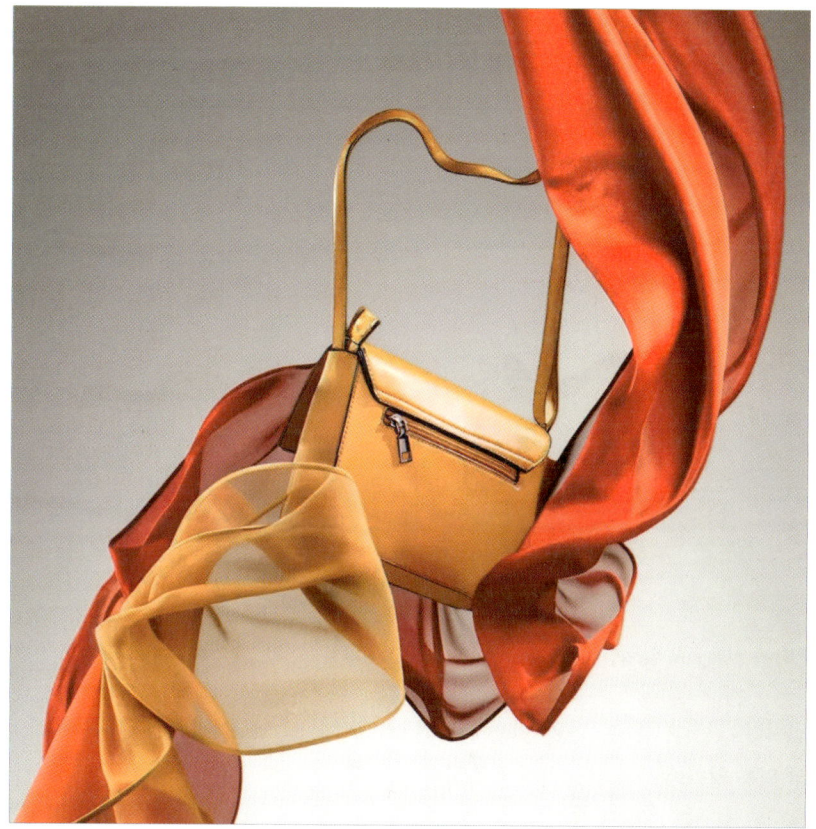

▲ 그림 10-8 최종 생성 이미지

| 따라하기 |

10-3 신발 2개를 마주 보도록 연출하기

01 신발 이미지 2장을 업로드 하겠습니다.

▲그림 10-9 신발 왼쪽 업로드 이미지   ▲그림 10-10 신발 오른쪽 업로드 이미지

02 과정입니다. 먼저 템플릿 "Footwear" 에서 "Colorful Pipe …" 이미지를 클릭합니다. 그럼 캔버스의 왼쪽 영역에 해당 템플릿이 적용됩니다(그림 10-11 참조).

▲그림 10-11 템플릿 Footwear의 "Colorful Pipe …" 가 적용된 화면

03 원래 있던 신발을 지우고 신발 이미지를 2장을 업로드 하고 삽입해 줍니다. 그리고 적당한 위치에 크기를 조절하여 배치해 주세요, 이후 "Generate"를 클릭해 주세요(그림 1-8 참조).

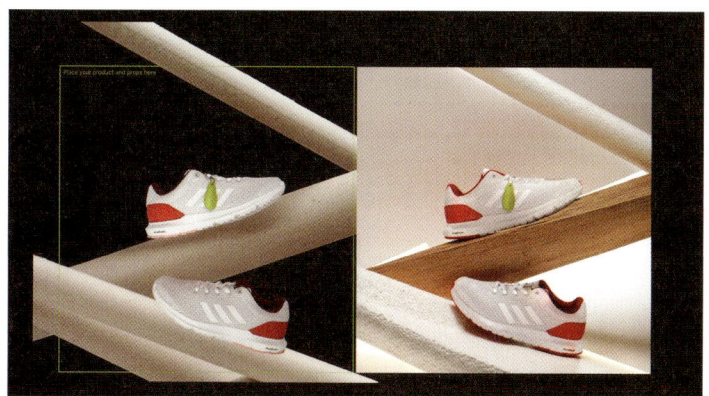

▲그림 10-12 기존의 신발을 지우고 새로운 신발을 삽입한 형태

이 때 옵션 설정 값은 다음과 같습니다.

- 업로드한 신발 이미지 2장: Preserve all details (자동으로 설정되어 있음)
- 신발 바로 뒤의 파이프: Generate Variation (자동으로 설정되어 있음)
- 겹쳐진 뒤쪽의 파이프: Keep color & shape (자동으로 설정되어 있음)
- 배경: Monochrome 〉 a colorful bright background (자동으로 설정되어 있음)

04 최종 생성한 이미지입니다.

▲그림 10-13 최종 생성 이미지

따라하기

10-4 샌들을 해변에 놓아보기

01 샌들 이미지 2장을 업로드 하겠습니다.

▲그림 10-14 샌들 왼쪽 업로드 이미지

▲그림 10-15 샌들 오른쪽 업로드 이미지

02 과정입니다. 먼저 업로드 이미지를 적절한 위치에 배치합니다(그림 10-16 참조).

- 템플릿: Beach 〉 on the wet beach sand surrounded by splashing waves, in front of the ocean
- Props: Rocks and Natural Elements 〉 white coral
- Props: Rocks and Natural Elements 〉 shell
- Props: Rocks and Natural Elements 〉 stack of rocks with flower on top

▲그림 10-16 템플릿과 Props가 적용된 화면

이 때 옵션 설정 값은 다음과 같습니다.

- 업로드한 샌들 이미지 2장: Preserve all details (자동으로 설정되어 있음)
- 신발 바로 뒤의 산호: Preserve all details
- 겹쳐진 앞쪽의 소라 껍질: Preserve all details
- 뒤쪽의 돌과 꽃: Preserve all details

03 최종 생성한 이미지입니다.

▲ 그림 10-17 최종 생성 이미지

10-5 귀걸이를 모델에게 착용해 보기

01 귀걸이 이미지 1장을 업로드 하겠습니다.

▲그림 10-18 귀걸이 업로드 이미지

02 과정입니다. 귀걸이, 귀걸이를 착용할 모델, 배경 이렇게 3가지를 선택하면 됩니다. 세부 항목은 아래 내용과 같이 정해주고, 위치와 크기는 원하시는 형태로 배치하면 됩니다(그림 10-19 참조).

- 귀걸이: 업로드 이미지
- Human: Female Skincare and Beauty Models 〉 brunette woman
- 템플릿: Monochrome 〉 a light grey background

▲ 그림 10-19 템플릿과 Human이 적용된 화면

이 때 옵션 설정 값은 다음과 같습니다.

- 업로드한 귀걸이 이미지: Preserve all details (자동으로 설정되어 있음)
- 여성: Blend to scene

03 최종 생성한 이미지입니다.

▲ 그림 10-20 최종 생성 이미지

따라하기

10-6 모자를 모델에게 착용해 보기

01 모자 이미지 1장을 업로드 하겠습니다.

▲ 그림 10-21 모자 업로드 이미지

02 과정입니다. 모자, 모자를 착용할 모델, 배경 이렇게 3가지를 선택하면 됩니다. 세부 항목은 아래 내용과 같이 정해주고, 위치와 크기는 원하는 형태로 배치하면 됩니다(그림 10-22 참조).

- 모자: 업로드 이미지
- Human: Casual Models 〉 girl with sleek dark hair in a ponytail and hazel eyes
- 템플릿: Monochrome 〉 a white background

▲ 그림 10-22 템플릿과 Human이 적용된 화면

이 때 옵션 설정 값은 다음과 같습니다.

- 업로드한 귀걸이 이미지: Preserve all details (자동으로 설정되어 있음)
- 여성: Blend to scene

> **여기서 잠깐** 인물 혹은 장식 요소들을 가로로 크기를 줄인 후 반대로 교차하면 인물 혹은 장식 요소들의 좌우 방향을 바꿀 수 있습니다. 같은 방법으로 위 아래 방향 전환도 가능합니다.

03 최종 생성한 이미지입니다.

▲ 그림 10-23 최종 생성 이미지

마치며

화장품 분야에 이어서 패션/잡화 분야에서 많이 보던 이미지를 제작해 보았습니다. 충분히 활용 가능하다고 생각이 들지 않나요? 이런 이미지를 제작하여 사용해 보면 브랜딩 측면에서도 경쟁사에 비해 우월한 부분을 갖게 됩니다. 지속적으로 다양한 카테고리를 예제를 통해 더욱 다양하게 만들어 보도록 하겠습니다.

다음 장은 푸드 분야에 사용할 수 있는 이미지를 제작해 보도록 하겠습니다.

11장

음식 사진만 있으면 스튜디오 촬영처럼 연출해 주는 AI

지난 장에서 Flair AI로 패션/잡화 이미지를 편집해보았습니다. 이번 장에 진행할 상품 카테고리는 "푸드"입니다.

이번 장을 익히면 얻는 것

Warming Up
Flair AI 활용, 세 번째
계속 Flair AI를 사용하겠습니다.

Flair AI로 바로 이동하려면?
https://flair.ai

따라하기

11-1 절인 올리브 병 주변에 올리브 배치하기

01 올리브 절임 병 이미지 1장을 업로드 하겠습니다.

▲그림 11-1 올리브 절임 유리병 업로드 이미지

02 과정입니다. 아래의 조건처럼 설정을 하면 됩니다(그림 11-2 참조).

- 제품: 업로드 이미지
- 템플릿: Monochrome 〉 in front of tea green background with light and shadows
- Props: Veggies 〉 olives
- Props: Veggies 〉 olives

▲그림 11-2 템플릿과 Props가 적용된 화면

> **여기서 잠깐**
>
> 푸드 이미지에서 항상 공통점은 상품의 주 컬러와 배경 컬러를 유사하게 맞추어야 한다는 점입니다. 이 공식을 유지하면 유리병이 투명해 보이는 이점을 얻을 수 있으며 컬러가 더욱 부각되면서 더 생동감 있게 표현됩니다. 이번 과정에서도 그린 계열로 맞추었습니다. 또한 앞으로 제작할 이미지들도 같은 공식을 사용한다고 생각하면 됩니다.

이 때 옵션 설정 값은 다음과 같습니다.

- 업로드 이미지: Preserve all details
- 앞에 위치한 올리브: Preserve all details
- 뒤에 위치한 올리브: Preserve all details

03 최종 생성한 이미지입니다.

▲ 그림 11-3 최종 생성 이미지

| 따라하기 |

11-2 아이스크림 주변을 장식하기

01   떠먹는 아이스크림이 중앙에 위치하고 주변을 알록달록하고 생동감 있게 표현해 보겠습니다. 먼저 "업로드 이미지"입니다.

▲ 그림 11-4 아이스크림 업로드 이미지

02   과정입니다. 아래의 조건처럼 설정을 하면 됩니다. (그림 11-5 참조)

- 제품: 업로드 이미지
- 템플릿: Monochrome 〉 in front of a pastel blue periwinkle background
- Props: Fruit 〉 cherries
- Props: Flowers 〉 a yellow flower
- Props: Desserts 〉 ice cream

▲ 그림 11-5 템플릿과 Props가 적용된 화면

이 때 옵션 설정 값은 다음과 같습니다.

- 업로드 이미지: Preserve all details
- 체리: Keep color & shape
- 꽃: Keep color & shape
- 아이스크림 콘: Keep color & shape

03 최종 생성한 이미지입니다.

▲ 그림 11-6 최종 생성 이미지

| 따라하기 |

11-3 빵을 접시에 담고 주변을 장식하기

01 크루아상 이미지를 업로드 하겠습니다.

▲그림 11-7 크루아상 업로드 이미지

02 과정입니다. 아래의 조건처럼 설정을 하면 됩니다. (그림 11-8 참조)

- 제품: 업로드 이미지
- 템플릿: Monochrome 〉 with a light cream background
- Props: Photoshoot Props 〉 circle
- Props: Plants and Natural Elements 〉 dried flower
- Props: Plants and Natural Elements 〉 dried branch

▲ 그림 11-8 템플릿과 Props가 적용된 화면

이 때 옵션 설정 값은 다음과 같습니다.

- 업로드한 빵 이미지: Preserve all details
- 빵 접시: Blend to scene
- 건조된 식물과 가지: Keep color & shape

03 최종 생성한 이미지입니다.

▲ 그림 11-9 최종 생성 이미지

| 따라하기 |

11-4 투명한 찻잔 연출하기

01 따뜻한 차 이미지를 업로드 하겠습니다.

▲그림 11-10 유리잔에 담긴 차 업로드 이미지

02 과정입니다. 아래의 조건처럼 설정을 하면 됩니다. (그림 11-11 참조)

- 제품: 업로드 이미지
- 템플릿: Monochrome 〉 in front of a light cream background
- Props: Photoshoot Props 〉 Branch with dried leaves

▲그림 11-11 템플릿과 Props가 적용된 화면

이 때 옵션 설정 값은 다음과 같습니다.

- 업로드한 차 이미지: Preserve all details
- 건조 잎: Keep color & shape

03 최종 생성한 이미지입니다.

▲ 그림 11-12 최종 생성 이미지

따라하기

11-5 원하는 배경을 적용하기

이번에는 처음으로 프롬프트와 배경을 바꿔보는 예제입니다. 하지만 쉽게 따라할 수 있습니다.

01 토마토 케첩 이미지 1장을 업로드 하겠습니다.

▲그림 11-13 토마토 케첩 업로드 이미지

02 과정입니다. 먼저 템플릿 하나를 클릭하여 활성화 합니다. (그림 11-14 참조)

- 템플릿: Merchandise 〉 a hot sauce with many small hot red peppers emerging from many small hot red peppers

▲그림 11-14 템플릿이 적용된 화면

03 템플릿에 있는 소스를 지우고 업로드한 케첩 이미지를 적용합니다. 이후 Generate를 클릭하면 소스가 케첩으로 바뀌어 있음을 확인할 수 있습니다(그림 11-15 참조).

▲ 그림 11-15 소스가 케첩으로 바뀐 것을 확인

04 이제 배경이 빨간 고추가 아닌 토마토로 바꾸어 주는 작업을 하도록 하겠습니다. 먼저 왼쪽의 프롬프트 창의 Surrounding 영역과 Placement 영역을 주목해 주세요. 이 부분의 문장을 왼쪽에서 오른쪽처럼 변경해 주면 됩니다. 공통적으로 "Hot red peppers"를 "Tomatoes"로 바꾸어 주었습니다.

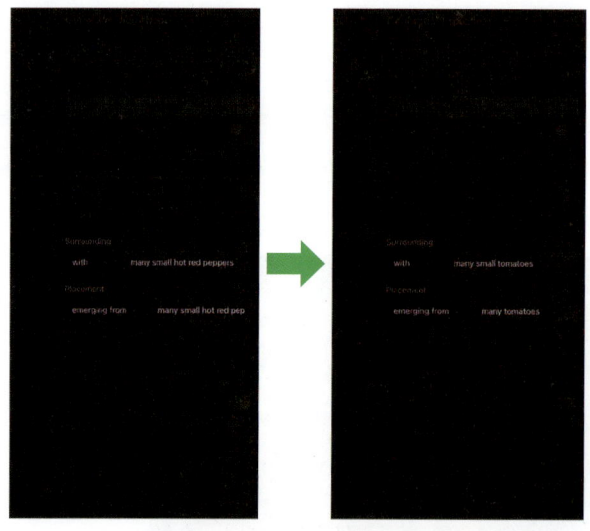

▲ 그림 11-16 프롬프트의 워딩 변경

05 여기서 끝이 아닙니다. 이번에는 "Reference Image"를 주목해 주세요. 이 영역에서 "Replace" 버튼을 클릭하여 토마토 이미지를 업로드 해주면 됩니다(그림 11-17 참조).

▲그림 11-17 배경으로 사용하기 위해 업로드 한 토마토 이미지

이후 해당 영역을 보면 이미지가 바뀐 것을 확인할 수 있습니다.

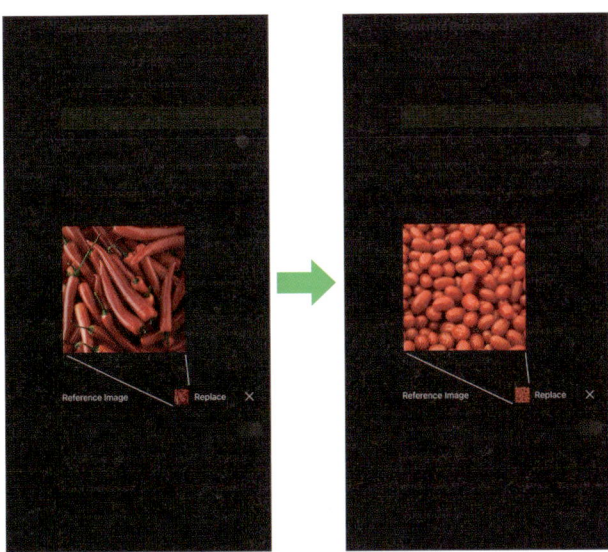

▲그림 11-18 배경이 바뀐 것을 확인

06 이제 과정은 끝났습니다. Generate를 클릭해 주세요. 최종 생성한 이미지입니다.

▲ 그림 11-19 최종 생성 이미지

마치며

패션/잡화 분야에 이어서 푸드 분야에서 많이 보던 이미지를 제작해 보았습니다. 푸드 분야는 세련된 이미지를 제작하는 것도 중요하지만 생동감 있고 살아 있는 이미지를 만드는 것에 더 중점을 두세요. 다양한 컬러의 사용은 음식을 더욱 먹음직스럽게 보이는 역할을 합니다. 그리고 하나 더! 프롬프트의 활용과 변경 방법 또한 숙지하길 바랍니다.

다음 장은 가전 분야에 사용할 수 있는 이미지를 제작해 보도록 하겠습니다.

12장

전자제품 사진만 있으면 스튜디오 촬영처럼 연출해 주는 AI

지난 장에서 Flair AI로 푸드 이미지를 편집해보았습니다. 이번 장에 진행할 상품 카테고리는 "가전"입니다.

이번 장을 익히면 얻는 것

Warming Up

Flair AI 활용, 네 번째

계속 Flair AI를 사용하겠습니다.

Flair AI로 바로 이동하려면?
https://flair.ai

| 따라하기 |

12-1 가습기에 스팀 효과 연출하기

01   가습기 이미지 1장을 업로드 하겠습니다.

▲그림 12-1 가습기 업로드 이미지

02   과정입니다. 아래의 조건처럼 설정을 하면 됩니다. (그림 12-2 참조)

- 제품: 업로드 이미지
- 템플릿: Neutral 〉 on rough white rocks surrounded by pearly white spheres in a muted light neutral room

▲그림 12-2 템플릿이 적용된 화면

최초 업로드 할 때 가습기(humidifier)로 프롬프트가 자동 인식하지 않는다면 프롬프트 생성 과정에서 "humidifier"로 바꾸어 주세요. 그렇게 하는 이유는 자동으로 수증기가 생성되도록 하기 위해서 입니다.

이 때 옵션 설정 값은 다음과 같습니다.

- 업로드 이미지: Preserve all details

03 최종 생성한 이미지입니다.

▲ 그림 12-3 최종 생성 이미지

따라하기

12-2 콘크리트와 랩탑의 조화

01 랩탑을 고급스럽고 모던하게 표현해 보도록 하겠습니다. 먼저 업로드 이미지입니다.

▲ 그림 12-4 랩탑 업로드 이미지

02 과정입니다. 아래의 조건처럼 설정을 하면 됩니다. (그림 12-5 참조)
- 제품: 업로드 이미지
- 템플릿: Platforms 〉 on a concrete block in front of a grey background

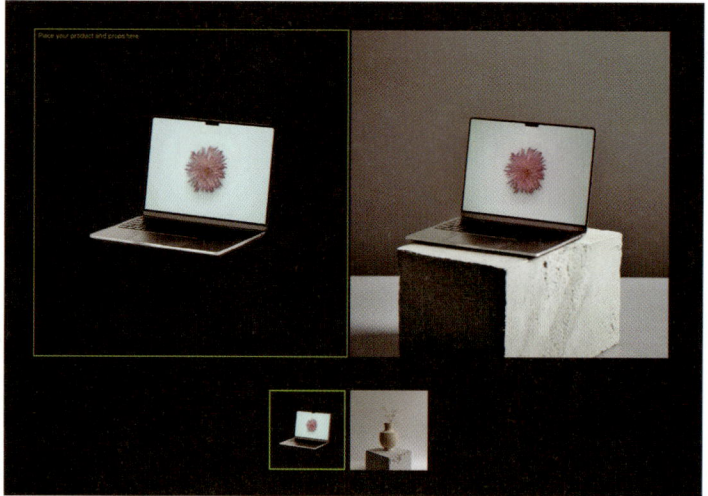

▲ 그림 12-5 템플릿이 적용된 화면

이 때 옵션 설정 값은 다음과 같습니다.

- 업로드 이미지: Preserve all details

03 최종 생성한 이미지입니다.

▲ 그림 12-6 최종 생성 이미지

> 따라하기

12-3 뾰족한 돌과 스마트폰의 조화

01 스마트폰을 뾰족한 돌 위에 올린 설정 샷을 만들어 볼게요. 먼저 업로드 이미지입니다.

▲ 그림 12-7 스마트폰 업로드 이미지

02 과정입니다. 아래의 조건처럼 설정을 하면 됩니다. (그림 12-8 참조)

- 세품: 업로드 이미지
- 템플릿: Monochrome 〉 in front of a light gray background
- Props: Platforms and displays 〉 on stone cube platform

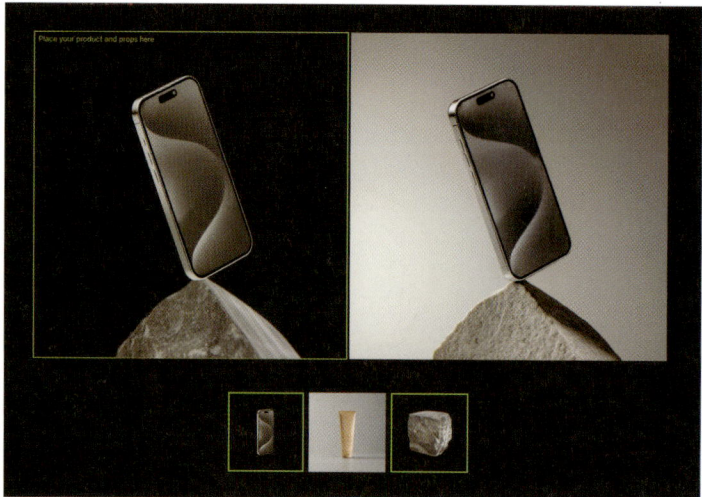

▲ 그림 12-8 템플릿과 Props가 적용된 화면

이 때 옵션 설정 값은 다음과 같습니다.

- 업로드한 이미지: Preserve all details
- 바위: Blend to scene

03 최종 생성한 이미지입니다.

▲ 그림 12-9 최종 생성 이미지

따라하기

12-4 스마트 워치를 몽환적으로 연출하기

01 스마트 워치 주변에 컬러풀한 스모그를 감싸 보도록 할게요. 먼저 업로드 이미지입니다.

▲ 그림 12-10 스마트 워치 업로드 이미지

02 과정입니다. 아래의 조건처럼 설정을 하면 됩니다. 먼저 아래의 템플릿을 선택합니다. (그림 12-11 참조)

- 템플릿: Flying > in front of a light cream background

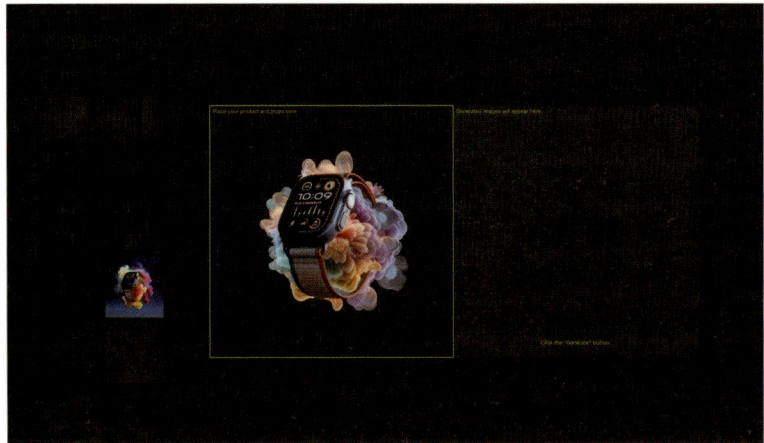

▲ 그림 12-11 선택한 템플릿이 적용된 화면

03 원래 위치해 있는 스마트 워치를 선택하여 지워줍니다. (그림 12-12 참조)

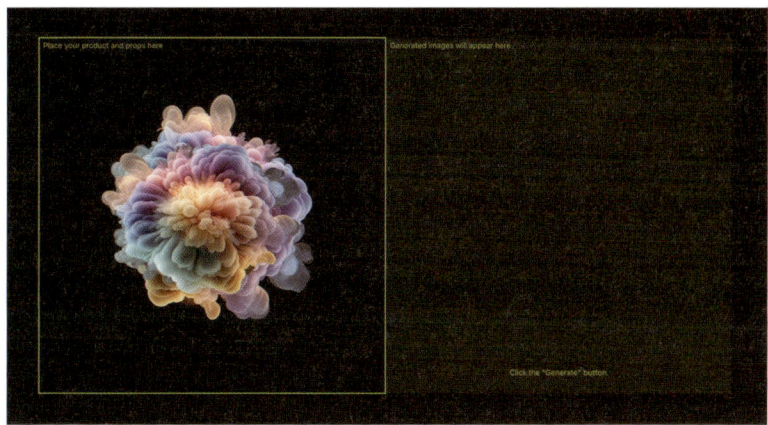

▲ 그림 12-12 원래 있던 스마트 워치를 지운 상태

04 이제 업로드한 상품(그림 12-10)을 적용합니다. (그림 12-12 참조)

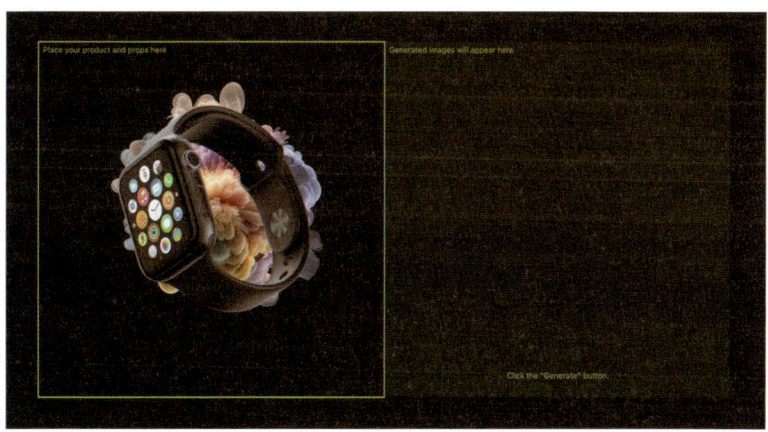

▲ 그림 12-13 새로 업로드 한 스마트 워치를 적용한 상태

05 위치와 정렬을 원하는 형태로 조정한 후 "Generate"를 클릭하세요. 그럼 이미지가 생성됩니다. (그림 12-14 참조)

▲ 그림 12-14 템플릿과 Props가 적용된 화면

이 때 옵션 설정 값은 다음과 같습니다.

- 업로드 이미지: Preserve all details
- 앞쪽에 위치한 스모그 효과: Generate variation
- 뒤쪽에 위치한 스모그 효과: Generate variation

06 최종 생성한 이미지입니다.

▲ 그림 12-15 최종 생성 이미지

> 따라하기

12-5 핸디 선풍기를 손으로 잡은 연출하기

01 상품의 크기를 알기 위해서 손과 결합해 보도록 할게요. 먼저 업로드 이미지입니다.

▲그림 12-16 휴대용 핸디 선풍기 업로드 이미지

02 과정입니다. 아래의 조건처럼 설정을 하면 됩니다. (그림 12-17 참조)
- 제품: 업로드 이미지
- 템플릿: Monochrome 〉 in front of a light cream background
- Humans: Hands 〉 hand

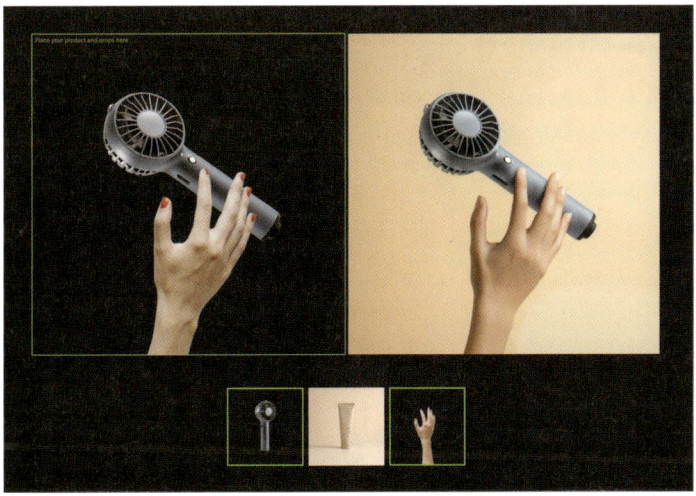

▲그림 12-17 템플릿과 Humans가 적용된 화면

03 최종 생성한 이미지입니다.

▲ 그림 12-18 최종 생성 이미지

마치며

푸드 분야에 이어서 가전 분야에서 많이 보던 이미지를 제작해 보았습니다. 가전 분야는 약간 추상적인 설정 샷들도 많이 사용하고 있으니 조금 더 과감하게 배치를 하는 것에 중점을 두세요. 다음 장은 인테리어/소품 분야에 사용할 수 있는 이미지를 제작해 보도록 하겠습니다.

13장

인테리어/소품 사진만 있으면 스튜디오 촬영처럼 연출해 주는 AI

지난 장에서 Flair AI로 가전 이미지를 편집해보았습니다. 이번 장에 진행할 상품 카테고리는 "인테리어/소품"입니다.

이번 장을 익히면 얻는 것

Warming Up
Flair AI 활용, 다섯 번째
계속 Flair AI를 사용하겠습니다.

Flair AI로 바로 이동하려면?
https://flair.ai

따라하기

13-1 석고상과 소품을 조화롭게 연출하기

01 석고상 이미지 1장을 업로드 하겠습니다.

▲ 그림 13-1 석고상 업로드 이미지

02 과정입니다. 아래의 조건처럼 설정을 하면 됩니다(그림 13-2 참조).

- 제품: 업로드 이미지
- 템플릿: Monochrome > in front of a grey background
- Props: Rocks and Natural Elements > flat black rock
- Props: Rocks and Natural Elements > black rock

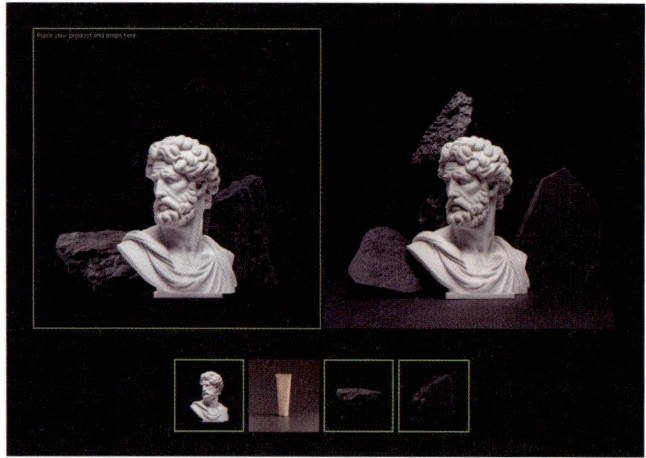

▲ 그림 13-2 템플릿과 Props가 적용된 화면

이 때 옵션 설정 값은 다음과 같습니다.

- 업로드 이미지: Preserve all details
- 왼쪽 바위: Generate variation
- 오른쪽 바위: Generate variation

03 최종 생성한 이미지입니다.

▲ 그림 13-3 최종 생성 이미지

따라하기

13-2 펜던트 조명 연출하기

01 천정에 매달린 펜던트 조명을 자연스럽게 표현해 보도록 하겠습니다. 먼저 업로드 이미지입니다.

▲ 그림 13-4 펜던트 조명 업로드 이미지

02 과정입니다. 아래의 조건처럼 설정을 하면 됩니다(그림 13-5 참조).

- 제품: 업로드 이미지
- 템플릿: Platforms 〉 on a concrete block in front of a grey background
- Props: Dressers and Drawers 〉 with white drawer

▲ 그림 13-5 템플릿과 Props가 적용된 화면

이 때 옵션 설정 값은 다음과 같습니다.

- 업로드 이미지: Preserve all details
- 테이블 이미지: Blend to scene

03 최종 생성한 이미지입니다.

▲ 그림 13-6 최종 생성 이미지

> 따라하기

13-3 원형 테이블 연출하기

01 테이블이 거실 한가운데에 있는 이미지를 만들어 볼게요. 먼저 업로드 이미지입니다.

▲ 그림 13-7 테이블 업로드 이미지

02 과정입니다. 아래의 조건처럼 설정을 하면 됩니다(그림 13-8 참조).
- 제품: 업로드 이미지
- 템플릿: Rooms 〉 in an airy empty room with white curtains, atmospheric, clean

▲ 그림 13-8 템플릿이 적용된 화면

이 때 옵션 설정 값은 다음과 같습니다.

- 업로드한 이미지: Preserve all details

03 최종 생성한 이미지입니다.

▲그림 13-9 최종 생성 이미지

| 따라하기 |

13-4 거실 장 연출하기

01 거실 장이 벽에 놓여 있는 이미지를 만들어 볼게요. 초기 화면으로 돌아가 "Create new project"를 클릭하면 다음과 같은 화면이 보입니다(그림 13-10 참조).

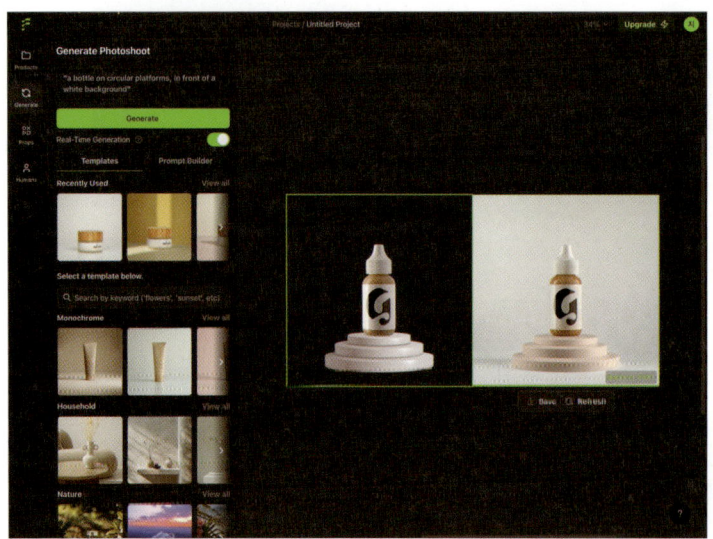

▲ 그림 13-10 "Create new project" 클릭 후 화면

02 이 상태에서 화면에 보이는 모든 것을 선택하여 지워줍니다(그림 13-11 참조).

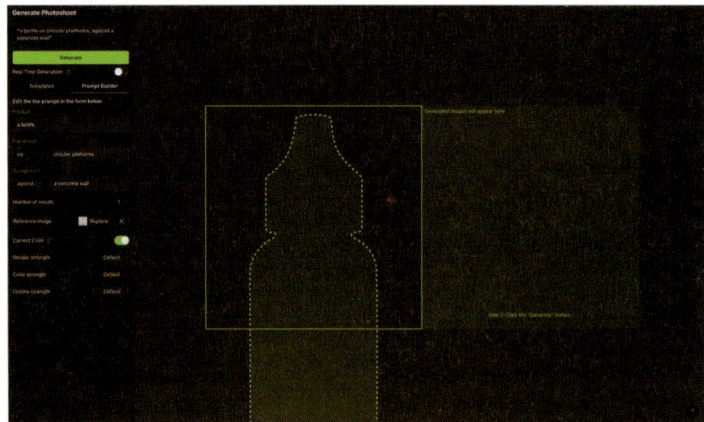

▲ 그림 13-11 병과 단상 등의 오브젝트를 전부 지운 상태

03 프롬프트에서 Product는 내용을, Placement는 영역 자체를 지워주세요(그림 13-12 참조).

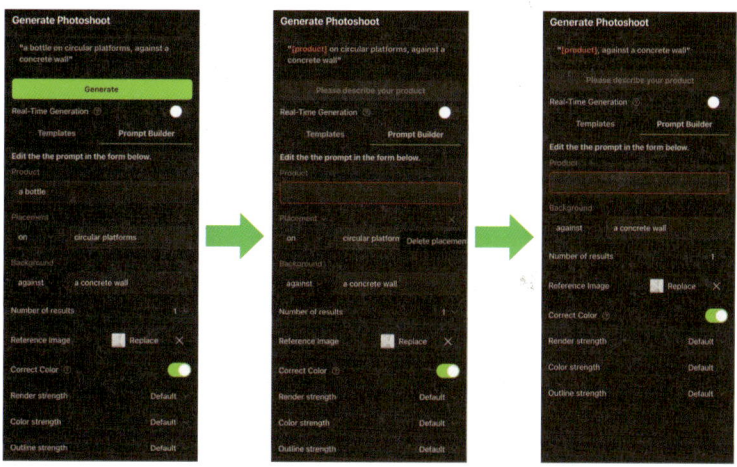

▲ 그림 13-12 왼쪽에서 오른쪽으로, 영역 자체를 지우려면 제목 옆에 "X" 클릭

04 이 상태에서 이미지를 업로드합니다.

▲ 그림 13-13 거실 장 업로드 이미지

05 이제 아래의 조건처럼 설정을 하면 됩니다(그림 13-14 참조).

- 제품: 업로드 이미지
- 템플릿: a concrete wall(1~3번을 따라하면 자동으로 생성됨)
- Props: Wall Decor > circular wall mirror

▲ 그림 13-14 템플릿과 Props가 적용된 화면

이 때 옵션 설정 값은 다음과 같습니다.

- 업로드 이미지: Preserve all details
- 거울: Blend to scene

06 최종 생성한 이미지입니다.

▲ 그림 13-15 최종 생성 이미지

따라하기

13-5 의자 연출하기

01 햇살이 비치는 공간에 의자가 있는 모습을 만들어 보도록 할게요. 먼저 업로드 이미지입니다.

▲ 그림 13-16 의자 업로드 이미지

02 과정입니다. 먼저 템플릿을 설정하도록 하겠습니다. 빈 작업 공간 상태에서 다음과 같은 템플릿을 먼저 적용합니다(그림 13-17 참조).

- 템플릿: Furniture 〉 a room with a window on the left side, a white wall with shadows on it and a large plant in a white pot on the floor, against a white wall with shadows

▲ 그림 13-17 템플릿이 적용된 화면

03 그 상태에서 의자를 선택한 후 지워줍니다.

▲ 그림 13-18 의자를 지운 화면

04 그 자리에 다시 최초에 업로드한 의자를 배치합니다. 그리고 "Generate"를 클릭하세요.

▲ 그림 13-19 템플릿이 적용된 화면

이 때 옵션 설정 값은 다음과 같습니다.

- 업로드 이미지: Preserve all details

05   최종 생성한 이미지입니다.

▲ 그림 13-20 최종 생성 이미지

마치며

가전 분야에 이어서 인테리어/소품 분야에서 많이 보던 이미지를 제작해 보았습니다. 인테리어/소품은 조명과 그림자의 디테일이 매우 중요합니다. 원하는 결과가 나오지 않더라도 반복해서 생성한다면 10장 이내에 만족스러운 결과가 나올 것입니다.

다음 장은 분야를 나누지 않고 쇼핑몰에서 자주 볼 수 있는 이미지를 모아서 제작해 보도록 하겠습니다.

14장

야외 촬영처럼 연출해 주는 AI

지난 장에서 Flair AI로 인테리어/소품 이미지를 편집해보았습니다. 이번 장에 진행할 주제는 특정 카테고리가 아닌 야외 촬영 컨셉입니다.

이번 장을 익히면 얻는 것

Warming Up

Flair AI 활용, 여섯 번째

계속 Flair AI를 사용하겠습니다.

Flair AI로 바로 이동하려면?
https://flair.ai

따라하기

14-1 텀블러를 아웃도어 스타일로 연출하기

01 텀블러 이미지 한 장을 업로드 하겠습니다.

▲ 그림 14-1 텀블러 업로드 이미지

02 과정입니다. 아래의 조건처럼 설정을 하면 됩니다(그림 14-2 참조).

- 제품: 업로드 이미지
- 템플릿: Earthy 〉 surrounded by coal
- Props: Rocks and Natural Elements 〉 with hollowed log
- Props: Rocks and Natural Elements 〉 with pile of moss

▲ 그림 14-2 템플릿과 Props가 적용된 화면

이 때 옵션 설정 값은 다음과 같습니다.

- 업로드 이미지: Keep color & shape
- 왼쪽 나무 그루터기: Generate variation
- 오른쪽 이끼: Generate variation

03 최종 생성한 이미지입니다.

▲ 그림 14-3 최종 생성 이미지

> 따라하기

14-2 텐트를 바닷가에 놓아보기

01 바닷가에서 노을 지는 바다를 배경으로 한 텐트 이미지를 자연스럽게 표현해 보도록 하겠습니다. 먼저 업로드 이미지입니다.

▲ 그림 14-4 텐트 업로드 이미지

02 과정입니다. 아래의 조건처럼 설정을 하면 됩니다(그림 14-5 참조).
- 제품: 업로드 이미지
- 템플릿: Platforms 〉 on a concrete block in front of a grey background

▲ 그림 14-5 템플릿과 Props가 적용된 화면

야외 촬영처럼 연출해 주는 AI / 207

이 때 옵션 설정 값은 다음과 같습니다.

- 업로드 이미지: Keep color & shape

 배경 템플릿의 원래 프롬프트는 아래와 같습니다.

on a copper platform surrounded by flowers and foliage with moss, with an ocean and sunset in the background, golden hour, soft shadows

그런데 이대로 적용하지 말고 프롬프트 빌더 화면 Placement에서 "a copper platform"을 "a rocks"로 수정합니다. 이후 Surrounding 항목을 삭제해 줍니다. 이 과정은 평평한 인조형 석판과 주변의 꽃들을 없애기 위함입니다.

03 최종 생성한 이미지입니다.

▲그림 14-6 최종 생성 이미지

| 따라하기 |

14-3 자동차 이미지 연출하기

01 모던한 콘크리트 구조물에 자동차가 담겨 있는 이미지를 만들어 볼게요. 먼저 업로드 이미지입니다.

▲ 그림 14-7 자동차 업로드 이미지

02 과정입니다. 아래의 조건처럼 설정을 하면 됩니다(그림 14-8 참조).
- 제품: 업로드 이미지
- 템플릿: Automotive 〉 in front of concrete wall with shadows in a concrete building

▲ 그림 14-8 템플릿이 적용된 화면

이 때 옵션 설정 값은 다음과 같습니다.

- 업로드한 이미지: Preserve all details

 배경 템플릿을 적용하면 자동차가 기본으로 삽입됩니다. 그 자동차 이미지를 지우고 업로드 한 자동차로 대체하면 됩니다.

03 최종 생성한 이미지입니다.

▲ 그림 14-9 최종 생성 이미지

| 따라하기 |

14-4 모델 이미지 연출하기

01 오버 핏 재킷을 입은 여성 모델을 촬영한 이미지를 만들어 보도록 할게요. 먼저 업로드 이미지입니다.

▲ 그림 14-10 재킷을 입은 여성 모델 업로드 이미지

02 과정입니다. 먼저 템플릿을 설정하도록 하겠습니다. 빈 작업 공간 상태에서 다음과 같은 템플릿을 먼저 적용합니다(그림 14-11 참조)

- 제품: 업로드 이미지
- 템플릿: Wall 〉 against a light wall on a marble floor surrounded by small purple flowers

▲ 그림 14-11 템플릿이 적용된 화면

이 때 옵션 설정 값은 다음과 같습니다.

- 업로드 이미지: Preserve all details

 배경 템플릿의 원래 프롬프트는 아래와 같습니다.

against a light wall on a marble floor surrounded by small purple flowers

그런데 이대로 적용하지 말고 프롬프트 빌더 화면 Background에서 "a light wall"은 남기고 "on a marble floor surrounded by small purple flowers"을 삭제해 줍니다. 이 과정은 바닥과 주변의 꽃들을 없애기 위함입니다.

03 최종 생성한 이미지입니다.

▲ 그림 14-12 최종 생성 이미지

> 따라하기

14-5 안경을 모델에게 착용해 보기

01 야외에서 안경을 쓴 남자 모델을 촬영한 이미지를 만들어 보도록 할게요. 먼저 업로드 이미지입니다.

▲그림 14-13 안경 업로드 이미지

02 과정입니다. 먼저 템플릿을 설정하도록 하겠습니다. 빈 작업 공간 상태에서 다음과 같은 템플릿을 먼저 적용합니다(그림 14-14 참조).

- 제품: 업로드 이미지
- 템플릿: Room > in front of a stone wall with a door and stone tiles on the floor
- Humans: Male Models > with half black man with curly hair

▲그림 14-14 템플릿과 Humans가 적용된 화면

이 때 옵션 설정 값은 다음과 같습니다.

- 업로드 이미지: Preserve all details
- 남자 모델 이미지: Blend to Scene

> **여기서 잠깐**
>
> 배경 템플릿의 원래 프롬프트는 아래와 같습니다.
>
> in front of a stone wall with a door and stone tiles on the floor
>
> 그런데 이대로 적용하지 말고 프롬프트 빌더 화면 Background에서 "a stone wall with a door and stone tiles on the floor"을 "an white concrete wall"로 수정해 줍니다. 이 과정은 재질을 돌에서 흰색 콘크리트로 바꾸고 타일 바닥을 없애기 위함 입니다.

03 최종 생성한 이미지입니다.

▲ 그림 14-15 최종 생성 이미지

마치며

인테리어/소품 분야에 이어 야외 촬영 스타일의 이미지를 제작해 보았습니다. 야외 촬영은 배경의 프롬프트 수정이 매우 중요합니다. 필요 없는 요소들을 지우는 것에 집중해 보세요. 원하는 결과가 나오지 않더라도 반복해서 생성한다면 10장 이내에 만족스러운 결과가 나올 것입니다. 다음 장은 옷 이미지만으로 피팅 모델을 생성하는 방법에 대해 알아보겠습니다.

15장

옷 이미지만 있으면 피팅 모델이 착용한 이미지를 만들어 주는 AI, 기초 편

지난 장에서 Flair AI로 야외촬영 이미지를 편집해보았습니다. 가상의 스튜디오 컨셉은 지난 장으로 모두 마무리가 되었습니다. 앞으로 2개의 장에 걸쳐 다룰 주제는 옷 사진만으로 가상의 피팅 모델을 생성하는 방법을 익히는 내용입니다. 인터넷 쇼핑몰에서 피팅 모델은 아주 중요합니다. 내가 살 옷을 미리 입어보는 역할을 담당하며 이는 구매로 바로 이루어지는 중요한 이미지이기 때문입니다.

이번 장을 익히면 얻는 것

Warming Up

Flair AI 활용, 일곱 번째

그동안 익힌 과정과는 다른 방식이지만 툴은 동일합니다. Flair AI를 사용하겠습니다.

Flair AI로 바로 이동하려면?
https://flair.ai

> 따라하기

15-1 옷에 맞는 가상의 피팅 모델 생성하기 1

01 이미지 생성 과정을 위한 예제입니다. 먼저 Flair AI의 로그인 후 첫 화면으로 가보겠습니다. 여러 가지 메뉴가 보이는데 이 메뉴에서 "Fashion Model"를 클릭합니다(그림 15-1 참조).

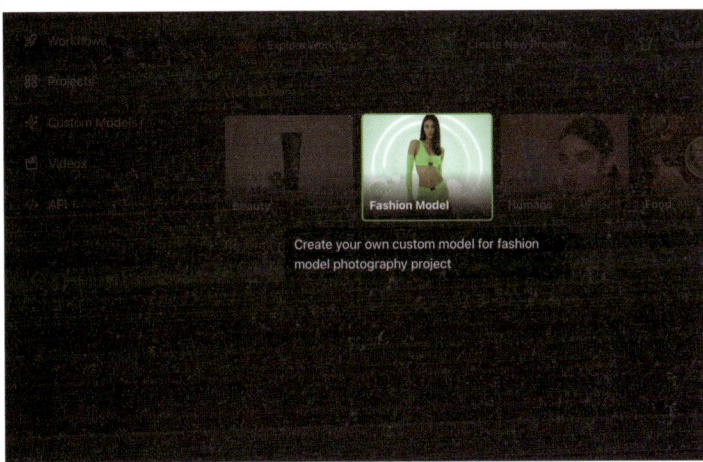

▲ 그림 15-1 로그인 〉 Project의 첫 화면 중 Fashion Model의 위치

02 그럼 메뉴가 Custom Models로 자동으로 이동하게 됩니다. 이 화면에서 "Fashion & Wearables"의 "start training"을 클릭하세요(그림 15-2 참조).

▲ 그림 15-2 Fashion & Wearables의 위치

03 이후 화면은 다음과 같습니다. 간단한 설명입니다.

- Models/Fashion-3IMEp: 프로젝트의 제목입니다. "Fashion-3IMEp" 부분은 연필 아이콘을 클릭하여 직접 수정이 가능합니다. 나중에 알아보기 쉽도록 제목을 변경해 주면 됩니다(그림 15-3 참조).
- Clothing photos: 1단계로써 옷 사진을 업로드합니다.
- Training: 2단계로써 모델을 훈련시킵니다.
- Generate: 3단계로써 옷과 모델을 합쳐서 최종 이미지를 생성합니다.
- Add Image: 옷 이미지를 업로드합니다.

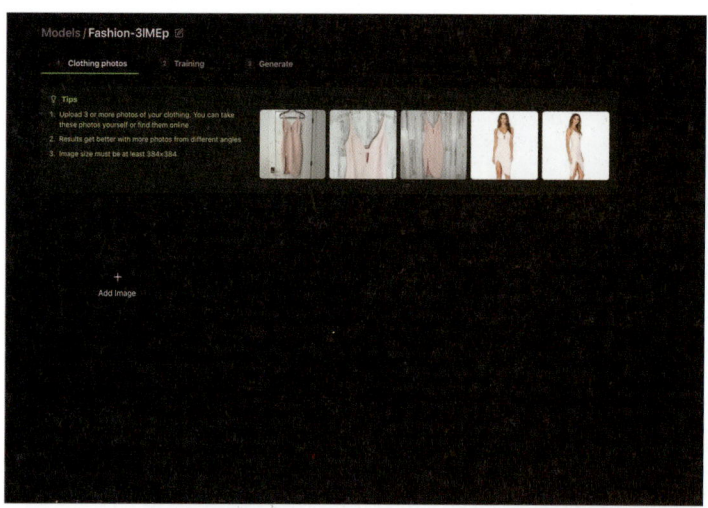

▲ 그림 15-3 첫번째 단계의 화면

04 그럼 제목을 바꾸어 보도록 하겠습니다. 연필 아이콘을 클릭하여 변경해 줍니다. 저는 드레스 피팅 모델 이미지를 만들 계획이므로 "Dress-Model-A"로 변경하겠습니다(그림 15-4 참조).

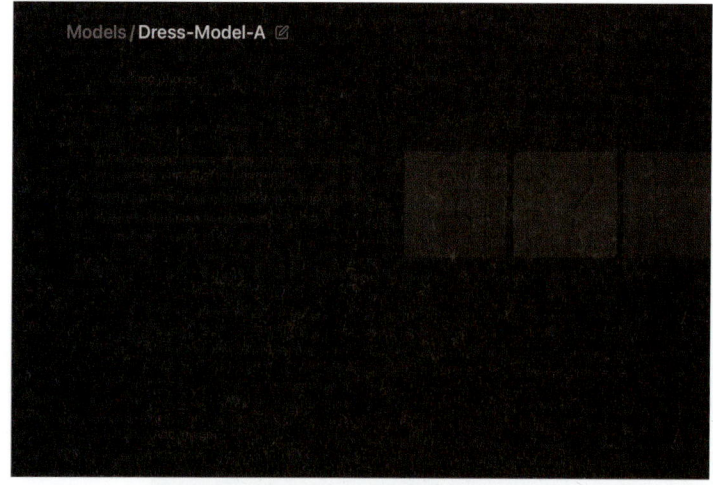

▲ 그림 15-4 제목을 "Dress-Model-A"로 변경한 상태

05 드레스 이미지 한 장을 업로드하도록 하겠습니다. 먼저 업로드 이미지입니다.

▲ 그림 15-5 업로드할 드레스 이미지

06 "Add Image"를 클릭하여 옷 이미지 한 장을 업로드합니다. 다음과 같이 창이 뜨고 이 창에서 사각형의 점선 영역을 클릭합니다.

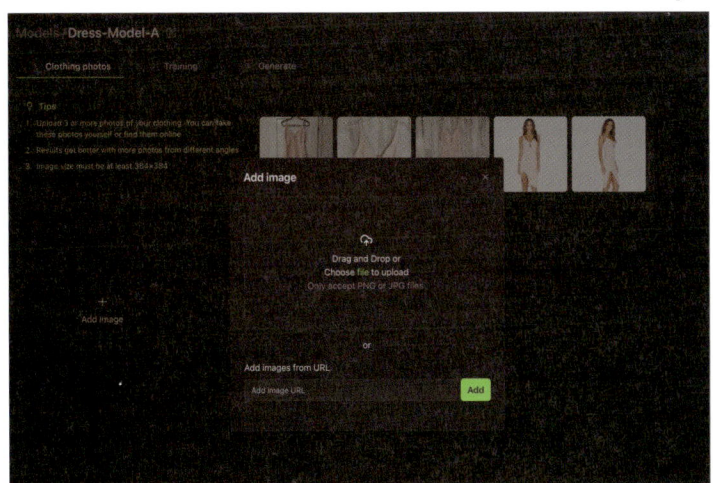

▲ 그림 15-6 업로드 창

07 드레스 이미지를 업로드가 완료되면 창의 아랫부분의 게이지가 꽉 차게 되고 업로드가 완료됩니다(그림 15-7 참조). 이후 창의 "x"버튼을 클릭하여 창을 닫으시면 업로드가 반영된 것을 확인할 수 있습니다(그림 15-8 참조).

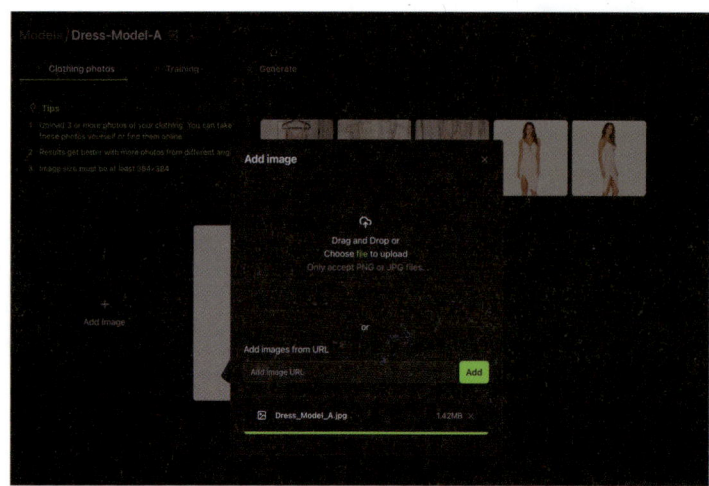

▲ 그림 15-7 이미지가 업로드 완료된 상태

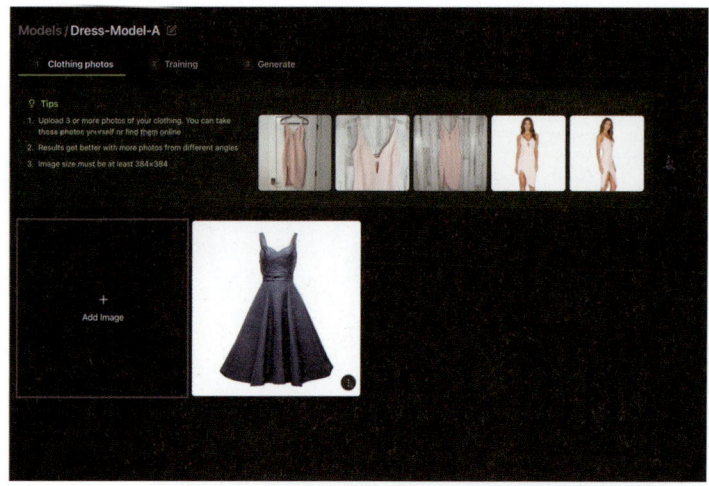

▲ 그림 15-8 업로드한 이미지를 눈으로 확인할 수 있는 화면

08 1단계인 "Clothing photos(옷 이미지 업로드)"은 완료하였습니다. 이제 2단계로 넘어갑니다. 2번 "Training(학습)"을 클릭해 주세요 그럼 화면이 바뀝니다.

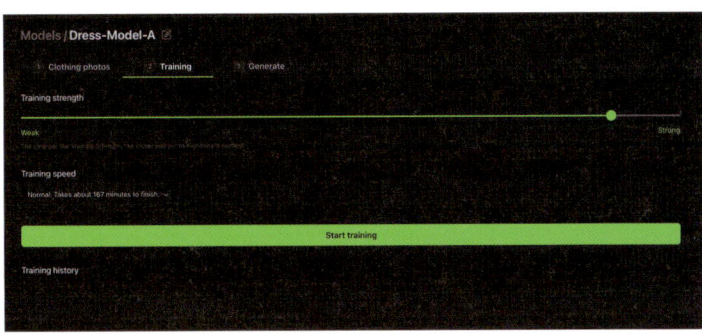

▲그림 15-9 "Training"을 클릭한 후 화면 변화

09 Training Strength는 얼마나 정밀하게 학습시키는 정도를 나타냅니다. 기본값으로 놔두면 됩니다. 이후 Training Speed를 반드시 "Fast: Takes about 5 minutes to finish.(5분 이내 학습)"로 바꾸어 주세요. 그렇지 않을 경우 훈련 시간이 매우 길어지게 됩니다. 이렇게 설정한 후 "Start training" 버튼을 클릭하면 됩니다. 훈련이 마무리 되면 Training history(학습 히스토리)에 훈련 목록이 쌓이게 됩니다.

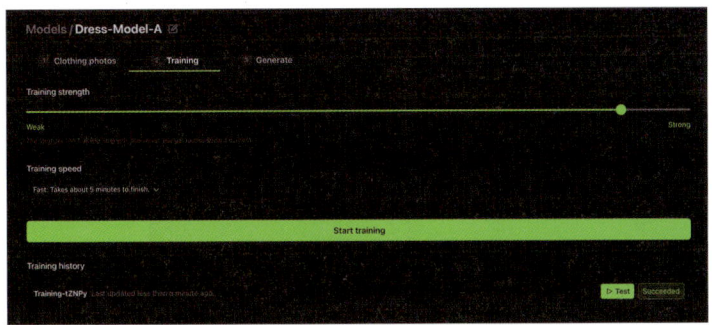

▲그림 15-10 Training history에 목록이 보이는 것을 확인

10 이제 2단계도 끝났습니다. 3단계 Generate를 클릭해 주세요. 이후 화면이 전환됩니다. 이 화면에서 아무것도 설정하지 않고 "Generate" 버튼을 클릭하면 됩니다. 그럼 3단계가 마무리되면서 화면 아래에 2 장의 이미지가 생성됩니다(그림 15-11 참조).

"Generate"를 클릭하기 전에 프롬프트가 자동으로 생성된 것을 알 수 있습니다. 프롬프트의 내용은 다음과 같습니다.

photo of a woman wearing navy blue @Dress-Model-A/Training-tZNPy dress with a sweetheart neckline and a fitted bodice, with a full skirt, and a small belt at the waist posing on beige fabric against a beige vogue photoshoot in overexposed light and shadows, motion photography, old money 35mm lens, professional fashion photography

번역
네이비 파란색 "@Dress-Model-A/Training-tZNPy(학습 훈련 모델명)" 드레스를 입은 여성의 사진, 연인 넥라인과 딱 맞는 몸통, 풀 스커트, 허리에 작은 벨트를 입고 베이지색 패브릭에 포즈를 취하고 과다 노출된 빛과 그림자 속에서 베이지색 유행 사진 촬영, 모션 사진, 오래된 돈 35mm 렌즈, 전문 패션 사진

이 프롬프트를 바탕으로 이미지가 생성됩니다.

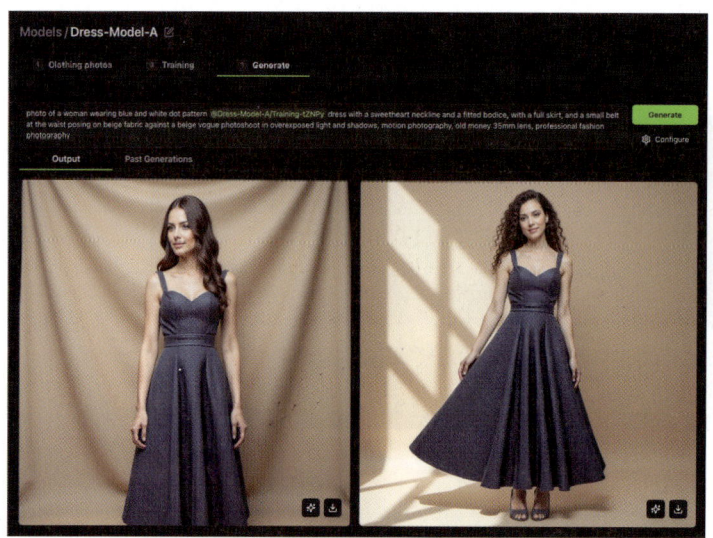

▲ 그림 15-11 이미지가 2장씩 생성되는 것을 확인

11 마음에 드는 이미지가 생성되었는데 다운로드를 하지 못했을 경우 당황하지 마시고 Output 옆에 있는 "Past Generations"를 클릭해 주세요. 그럼 이전에 만들어진 이미지 내역이 아직 남아 있는 것을 확인할 수 있습니다(그림 15-12 참조).

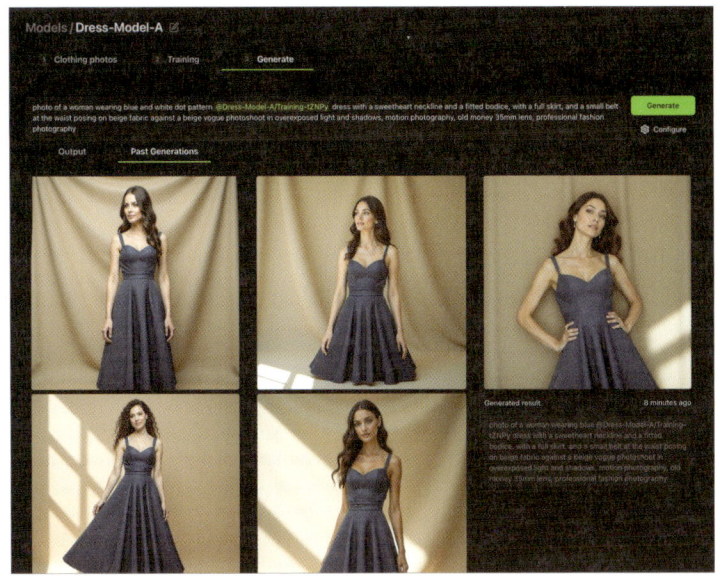

▲ 그림 15-12 이전에 작업한 이미지 목록을 볼 수 있습니다.

12 최종으로 선택한 이미지입니다.

▲ 그림 15-13 최종으로 선택한 이미지

15-2 옷에 맞는 가상의 피팅 모델 생성하기 2

01 프롬프트를 바꾸면 어떤 결과가 나올까요? 먼저 프롬프트를 다시 한번 보겠습니다.

> 📁 **원래 프롬프트**
> photo of a woman wearing navy blue @Dress-Model-A/Training-tZNPy dress with a sweetheart neckline and a fitted bodice, with a full skirt, and a small belt at the waist posing on beige fabric against a beige vogue photoshoot in overexposed light and shadows, motion photography, old money 35mm lens, professional fashion photography

02 이 프롬프트에서 바꿀 수 있는 부분을 바꿔보겠습니다. 먼저 백인 여성을 아시아 여성으로 바꾸어 보겠습니다. 프롬프트에서 "woman"을 "asian woman"으로 수정하면 다음과 같은 이미지가 생성됩니다.

> ✴ **수정 후 프롬프트**
> photo of a **asian woman** wearing navy blue @Dress-Model-A/Training-tZNPy dress with a sweetheart neckline and a fitted bodice, with a full skirt, and a small belt at the waist posing on beige fabric against a beige vogue photoshoot in overexposed light and shadows, motion photography, old money 35mm lens, professional fashion photography

▲ 그림 15-14 프롬프트를 asian woman으로 수정 후 결과물

04 옷 색깔과 배경 색깔을 맞추어 볼까요? 프롬프트에서 "beige fabric against a beige"를 "navy fabric against a navy"로 바꾸었습니다. 그럼 다음과 같은 이미지가 생성됩니다.

▲그림 15-15 프롬프트에서 배경을 Navy로 수정 후 결과물

> **수정 후 프롬프트**
>
> photo of a asian woman wearing navy @Dress-Model-A/Training-tZNPy dress with a sweetheart neckline and a fitted bodice, with a full skirt, and a small belt at the waist posing on **navy fabric against a navy** vogue photoshoot in overexposed light and shadows, motion photography, old money 35mm lens, professional fashion photography

05 같은 방식으로 배경 컬러를 변경하여 생성된 이미지 두 장입니다.

▲그림 15-16 프롬프트에서 배경을 red로 수정 후 결과물   ▲그림 15-17 프롬프트에서 배경을 white로 수정 후 결과물

옷 이미지만 있으면 피팅 모델이 착용한 이미지를 만들어 주는 AI, 기초 편 / **227**

마치며

Flair ai의 피팅 모델 생성 기능에 대해 알아보았습니다. 아쉬운 점은 인물의 얼굴을 다양하게 선택할 수 없고, 드레스 길이의 인식이 정확히 이루어지지 않는 모습을 보이지만 현재 존재하는 가장 정밀한 툴인 것만은 분명합니다.

다음 장에서는 이 과정을 바탕으로 더 다양한 연령대, 성별, 스타일의 옷을 입은 피팅 모델 이미지를 생성해보는 내용으로 구성해 보겠습니다.

16장

옷 이미지만 있으면 피팅 모델이 착용한 이미지를 만들어 주는 AI, 응용편

지난 장에서 Flair AI로 옷 사진만으로 가상의 피팅 모델을 생성하는 방법을 익혀 보았습니다. 이번 장은 6개의 예제를 통해 더 다양한 케이스를 살펴보도록 하겠습니다. 원본 옷 이미지, 프롬프트, 최종 생성 이미지 순으로 나열하겠습니다.

이번 장을 익히면 얻는 것

Warming Up

Flair AI 활용, 여덟 번째

그동안 익힌 과정과는 다른 방식이지만 툴은 동일합니다. Flair AI를 사용하겠습니다.

Flair AI로 바로 이동하려면?
https://flair.ai

> **따라하기**

16-1 블라우스 피팅 모델 만들기

01 먼저 원본 블라우스 이미지입니다.

▲ 그림 16-1 스트라이프 블라우스 이미지

02 과정은 이전 장과 동일합니다. 과정이 숙지되지 않았다면 이전 장을 다시 연습해 주세요. 프롬프트는 다음과 같습니다. 이때 파란색 글씨는 수정된 부분, 빨간색 글씨는 추가한 부분, **굵은 글씨**는 자동으로 설정되는 프로젝트 이름입니다. 이번 장의 모든 내용이 이 규칙이 동일하게 적용되니 참고해 주세요.

> ※ 수정 후 프롬프트
>
> photo of a asian woman wearing blue and white striped **@Fashion-8xvim/Training-5RfiR** blouse and white pants with a v neckline posing on beige wall against a beige vogue photoshoot in overexposed light and shadows, motion photography, old money 35mm lens, professional fashion photography

03 최종으로 생성한 피팅 모델 이미지입니다.

▲ 그림 16-2 최종 생성한 블라우스 피팅 모델 이미지

따라하기

16-2 가죽 재킷 피팅 모델 만들기

<u>01</u> 먼저 원본 가죽 재킷 이미지입니다.

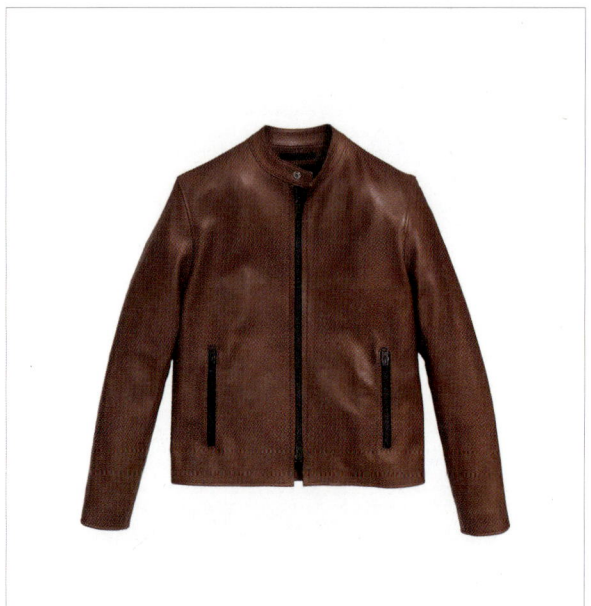

▲ 그림 16-3 가죽 재킷 이미지

<u>02</u> 프롬프트는 다음과 같습니다. 이번에는 프롬프트의 수정이 없습니다.

> 📷 **원래 프롬프트**
> photo of a woman wearing brown @Fashion-x5c7J/Training-L695T leather jacket with a zipper closure and two zippered pockets on each side and gray pants posing on beige fabric against a beige vogue photoshoot in overexposed light and shadows, motion photography, old money 35mm lens, professional fashion photography

03 최종으로 생성한 피팅 모델 이미지입니다.

▲ 그림 16-4 최종 생성한 가죽 재킷 피팅 모델 이미지

> **따라하기**

16-3 니트 카디건 피팅 모델 만들기

01 먼저 원본 카디건 이미지입니다.

▲ 그림 16-5 카디건 이미지

02 프롬프트는 다음과 같습니다. 동일하게 파란색 글씨는 수정된 부분, 빨간색 글씨는 추가한 부분, 굵은 글씨는 자동으로 설정되는 프로젝트 이름입니다.

> ☀ **수정 후 프롬프트**
>
> photo of a *girl* wearing cream and red **@Fashion-2bk6Y/Training-DbRIQ** cardigan with a cable knit pattern and wooden buttons and white t-shirt posing on *mint wall* against a *mint vogue* photoshoot in overexposed light and shadows, motion photography, old money 35mm lens, professional fashion photography

03 최종으로 생성한 피팅 모델 이미지입니다.

▲ 그림 16-6 최종 생성한 카디건 피팅 모델 이미지

16-4 주름 스커트 피팅 모델 만들기

01 먼저 원본 스커트 이미지입니다.

▲ 그림 16-7 스커트 이미지

02 프롬프트는 다음과 같습니다. 동일하게 파란색 글씨는 수정된 부분, 빨간색 글씨는 추가한 부분, 굵은 글씨는 자동으로 설정되는 프로젝트 이름입니다.

> ☀ **수정 후 프롬프트**
> photo of a asian young woman wearing lavender **@Fashion-wX2eo/Training-tYVyo** pleated mini skirt with a high waist and a short length and white shirt posing on pink wall against a pink vogue photoshoot in overexposed light and shadows, motion photography, old money 35mm lens, professional fashion photography

03 최종으로 생성한 피팅 모델 이미지입니다.

▲ 그림 16-8 최종 생성한 스커트 피팅 모델 이미지

16-5 정장 피팅 모델 만들기

01 먼저 원본 정장 상의 이미지입니다.

▲그림 16-9 정장 상의 이미지

02 프롬프트는 다음과 같습니다. 동일하게 파란색 글씨는 수정된 부분, 빨간색 글씨는 추가한 부분, 굵은 글씨는 자동으로 설정되는 프로젝트 이름입니다.

> ※ 수정 후 프롬프트
> photo of a man wearing charcoal @Fashion-wX2eo/Training-S0QwP suit jacket with a single button closure and black trim posing on gray fabric against a gray vogue photoshoot in overexposed light and shadows, motion photography, old money 35mm lens, professional fashion photography

03 최종으로 생성한 피팅 모델 이미지입니다.

▲그림 16-10 최종 생성한 정장 피팅 모델 이미지

> 따라하기

16-6 셔츠 피팅 모델 만들기

01   먼저 원본 반팔 셔츠 이미지입니다.

▲ 그림 16-11 셔츠 상의 이미지

02   프롬프트는 다음과 같습니다. 동일하게 파란색 글씨는 수정된 부분, 빨간색 글씨는 추가한 부분, 굵은 글씨는 자동으로 설정되는 프로젝트 이름입니다.

> 🌟 수정 후 프롬프트
>
> photo of a asian young man wearing **@Fashion-x5c7J/Training-lufZb** red button up short sleeve shirt with a pocket on the left side and black pants posing on pink wall against a pink vogue photoshoot in overexposed light and shadows, motion photography, old money 35mm lens, professional fashion photography

03 최종으로 생성한 피팅 모델 이미지입니다.

▲ 그림 16-12 최종 생성한 셔츠 피팅 모델 이미지

 화려한 패턴, 복잡한 페인팅의 옷 2단계 트레이닝에서 5분이 소요되는 "Fast" 옵션을 사용하지 않고, 167분 (실제로는 그 정도는 아닙니다)이 걸리는 "High quality" 옵션으로 트레이닝을 해 주어야 합니다. 또한 간단한 패턴의 옷이라 하더라도 디테일을 더 완성도 있게 올리고 싶은 경우에도 마찬가지입니다. 좋은 결과물을 얻기 위해서는 인내심이 필요합니다.

마치며

Flair ai의 피팅 모델 생성 기능에 대해 2개 장에 걸쳐 알아보았습니다. 의류 쇼핑몰을 운영하는 분들에게 아주 유용한 기능이기 때문에 다양하게 여러 가지 시도를 해보았으면 하는 바람입니다.

17장

Flair AI,
추가 팁 정리

지난 장에서 야외 촬영 컨셉에 대해 다루었습니다. 이번 장은 Flair AI의 마지막 장으로써 더욱 완성도 있는 이미지를 만들기 위한 방법과 미처 다루지 못한 내용을 담았으며 유심히 읽어 보고 더욱 도움이 되면 좋겠다는 바람입니다.

이번 장을 익히면 얻는 것

Warming Up
Flair AI 활용, 아홉 번째
계속 Flair AI를 사용하겠습니다.

Flair AI로 바로 이동하려면?
https://flair.ai

> 따라하기

17-1 고급스럽게 연출하는 팁

01 최대한 상품과 배경의 색상을 맞추도록 해 보세요(그림 17-1 참조). 상품과 배경의 경계면의 대비가 뚜렷할수록 더욱 조명 등의 섬세한 디테일 요소들의 디테일이 떨어져 보이기 마련입니다(그림 17-2 참조).

▲그림 17-1 색의 계열이 유사하여 배경과 자연스럽게 하나가 되는 이미지. (O)

▲그림 17-2 색의 대비가 커 배경과 겉도는 부분이 일부 느껴지는 이미지. (×)

> **따라하기**

17-2 글씨가 있는 제품 연출하기

01 제품의 글씨가 손상/변형되어서는 안 되겠죠(그림 17-3~6 참조). 총 4가지 옵션 값을 비교해 보도록 하겠습니다.

> **여기서 잠깐**
>
> 옵션 값에 대해 다시 한 번 정리합니다.
> - Preserve all details: 상품의 모든 것을 그대로 유지
> - Blend to scene: 형태는 유지하되 배경에 맞추어 색상이나 투명도가 변경
> - Generate variation: 인공지능이 알아서 분위기에 맞게 모든 것을 변경
> - Keep color & shape: 색상과 형태를 유지하되 배경에 맞추어 조명 방향 및 디테일한 요소들을 변경

▲그림 17-3 옵션 값을 "Preserve all details"로 설정한 경우, 글씨가 유지됨. (O)

▲그림 17-4 옵션 값을 "Keep color & shape"로 설정한 경우, 작은 글씨들의 형태가 변함. (×)

▲그림 17-5 옵션 값을 "Blend to scene"로 설정한 경우, 라벨의 색상과 작은 글씨들의 형태 등의 디테일한 요소들이 변함. (×)

▲그림 17-6 옵션 값을 "Generate variation"로 설정한 경우, 상품 자체가 변함. (×)

17-3 투명한 제품 연출하기

01 "Blend to scene"은 사용 빈도가 적지만 필요에 따라 가끔 뛰어난 결과물을 만들어 내기도 합니다. 먼저 제품의 원본입니다. 글씨가 없는 완전 투명한 소품입니다.

▲그림 17-7 투명한 유리로 구성된 보울 이미지

02 늘 우선 순위로 지정했던 "Preserve all details"로 설정하면 어떤 결과물이 나올까요? 당연히 투명한 유리 제품이지만 업로드한 이미지 그대로 변형 없이 반영되어 있습니다(그림 17-8 참조). 당연한 결과입니다.

▲그림 17-8 투명함이 반영되지 않고 업로드 이미지 그대로 적용된 생성 이미지

03 이제 유리 보울을 클릭한 상태에서 옵션을 "Blend to scene"로 바꾸어 보겠습니다. 투명함이 자동으로 적용되어 있는 것을 확인할 수 있습니다(그림 17-9 참조).

▲ 그림 17-9 투명함이 반영되어 한 층 자연스러운 생성 이미지

04 배경을 바꾸어서 한 번 더 시도 해보겠습니다. 역시 배경에 자연스럽게 투명함이 적용되는 것을 확인할 수 있습니다(그림 17-10 참조).

▲ 그림 17-10 투명함이 반영되어 한층 자연스러운 생성 이미지

따라하기

17-4 검색 기능 활용하기

원하는 템플릿이 명확하게 머리 속에 있다면 검색 기능을 사용해 보세요. 예시를 들면서 설명하겠습니다.

01 먼저 흰색 배경의 템플릿을 쓰고 싶을 경우입니다. 제품 하나를 업로드한 상태에서 "Generate"를 클릭하면 왼쪽 영역이 다음과 같이 보입니다(그림 17-11 참조).

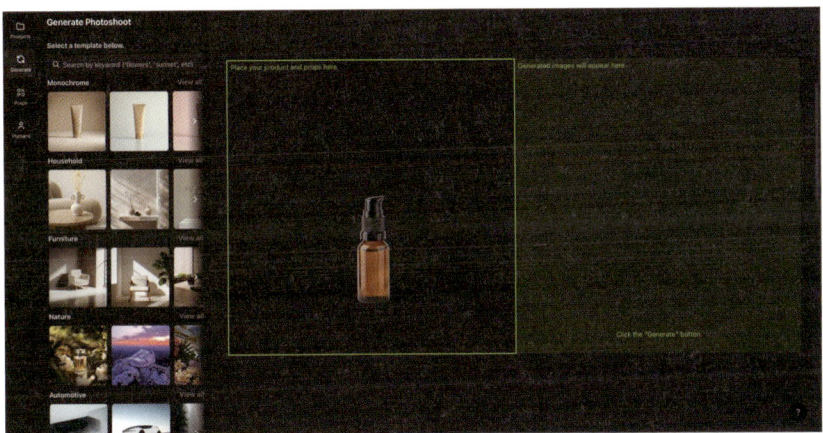

▲ 그림 17-11 "Generate"를 클릭한 후 기본 화면

02 화면에서 "검색" 영역에 주목해 주세요. 확대하면 다음과 같습니다(그림 17-12 참조).

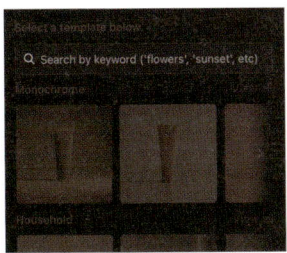

▲ 그림 17-12 "Search by keyword"라고 안내되어 있는 검색 영역

03 흰색 배경을 적용하고자 하였으므로 검색창에 "White"라고 입력합니다. 입력과 동시에 "White"와 관련된 템플릿만 노출됩니다(그림 17-13 참조).

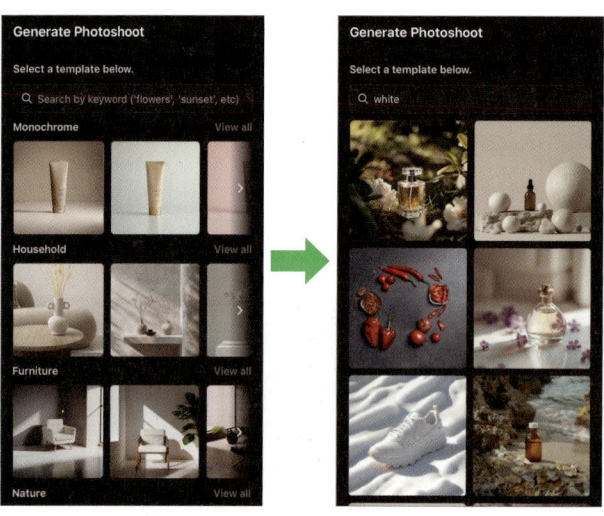

▲ 그림 17-13 "white"를 입력하기 전(왼쪽)과 후(오른쪽)의 비교

04 검색하여 나온 이미지 들 중 마음에 드는 템플릿을 적용하면 됩니다. 다음과 같은 이미지를 빠르게 생성할 수 있습니다(그림 17-14 참조).

▲ 그림 17-14 "White" 검색 후 빠르게 제작한 흰색 눈 배경 이미지

> 따라하기

17-5 프롬프트 활용하기

그동안 깊게 다루지 않았던 프롬프트 영역에 대해 간단한 원리를 요약해 보았습니다. 이미지가 어떠한 과정으로 생성이 되는지 알 수 있습니다.

01 먼저 기본 템플릿 중 하나를 클릭하여 프롬프트를 활성화해 보겠습니다. 로그인 후 메인에서 "Homegoods"를 클릭하세요(그림 17-15참조).

▲ 그림 17-15 "Homegoods"의 위치

02 이렇게 화면이 전환됩니다(그림 17-16 참조).

▲ 그림 17-16 "Homegoods"클릭 후 화면

03 이제 프롬프트 영역을 중점적으로 보겠습니다. 우선 입력창의 영어로 된 문장을 보면 이렇게 프롬프트가 생성되어 있습니다.

> 📂 **원래 프롬프트**
> "a white vase with flower with grey vase with white flower and branch of dried leaves and wooden bowl with stir and ceramic vase and white flower and pale cluster of leaves, in front of a natural beige background on sliced tree trunk"

04 해석하면 다음과 같습니다.

> 📂 **원래 프롬프트**
> "흰 꽃과 말린 잎 가지가 있는 회색 꽃병이 있는 흰색 꽃병, 얇게 썬 나무 줄기의 천연 베이지색 배경 앞에 젓기 및 세라믹 꽃병, 흰 꽃과 창백한 잎이 있는 나무 그릇"

그리고 프롬프트를 인공지능이 인식하고 이미지를 생성합니다(그림 17-17 참조).

▲ 그림 17-17 프롬프트를 통해 생성된 이미지

05 프롬프트는 인공지능이 알아서 생성하지만 구분되어 표기됩니다. 결국 ❶부터 ❺가 결합되어 하나의 문장이 생성되는 구조로 보면 됩니다(그림 17-18 참조).

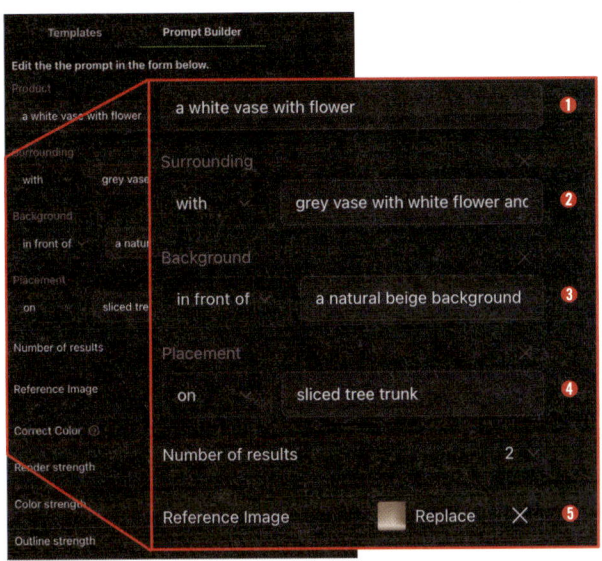

▲ 그림 17-18 프롬프트의 구분

각 문장이 뜻하는 것은 다음과 같습니다.
❶ 흰색 꽃병
❷ 흰색 꽃과 마른 잎 가지가 있는 회색 꽃병과 교반과 세라믹 꽃병과 흰색 꽃과 창백한 잎이 있는 나무 그릇
❸ 천연 베이지색 배경 앞에
❹ 얇게 썬 나무 줄기의
❺ 3번이 참조할 샘플 이미지

06 생성형 AI의 대부분이 프롬프트를 직접 입력해야 하지만, Flair AI는 사용자의 선택에 따라 프롬프트를 자동으로 입력해 준다고 생각하면 100% 이해한 것이 맞습니다. 또한 각각의 영역을 클릭해 보면 조건 값을 바꿀 수 있습니다. 여기까지 읽은 독자들은 조건 값 정도는 바꾸어서 적용이 가능한 수준입니다. 어려워 말고 프롬프트와 친해지세요. 그리고 여러 가지 방법을 통해 이미지를 생성하길 바랍니다.

에러에 대응하기

Flair AI의 서버는 외국에 위치해 있으며 전 세계 인구가 접속해서 사용 중입니다. 우리나라 시간으로 밤 시간대에 외국 사용자들이 활발하게 접속하므로 주간에 작업을 하는 것을 추천합니다.

구독 취소하기

이 책의 말미, 30장에 책에서 소개한 AI 툴의 구독 해지 방법을 정리하였습니다. 30장을 참조해 주세요.

마치며

실력이 단시간에 늘 수는 없으며 여기까지 읽은 독자분들은 이미 기본기는 다 갖추어져 있는 상태입니다. 응용은 여러분께 달려 있습니다. 하루에 3장씩 꾸준히 제작하다 보면 본인만의 노하우가 반드시 생기리라 믿습니다.

이로써 Flair AI와 관련된 내용은 마무리가 됨과 동시에 이 책의 반을 마스터하였습니다. 처음에 책을 구매했을 때보다 많은 것들을 이미 달성하였다고 스스로에게 칭찬하는 시간을 가지보면 좋겠습니다.

다음 장부터는 새로운 툴과 새로운 내용이 여러분을 기다립니다. 수고하였습니다.

18장

모델의 얼굴을 바꿔주는 AI, 기초 편

우리는 코스메틱, 패션, 라이프스타일 등 여러 분야에서 모델(사람) 이미지를 다양하게 사용하고 있습니다. 보통 모델은 계약 기간이라는 것이 있어서 해당 기간 이후에는 추가 비용을 지불하거나 다른 모델을 섭외하여 다시 촬영해야 하는 경우가 있으며 이 또한 쇼핑몰을 운영하는 입장에서 부담이 되는 경우가 있습니다. 이런 경우 자연스럽게 모델의 얼굴을 바꾸어 준다면 이러한 부담이 상당히 줄어들 것입이다. 전문 디자이너의 편집 없이 이런 작업을 가능케 하는 생성형 AI가 있습니다. 앞으로 2개의 장에 걸쳐 이것을 소개하고, 예제를 통해 접해보는 시간을 갖고자 합니다.

이번 장을 익히면 얻는 것

Warming Up

Deepswapper 소개

얼굴을 바꾸어 주는. AI는 굉장히 많이 있습니다만 Deepswapper를 추천하는 이유는 간단합니다. 바로 "무료"이기 때문인데요. 사용법 또한 간단합니다.

Deepswapper로 바로 이동하려면?
https://www.deepswapper.com

이 AI의 기능과 유료버전의 비용은 다음과 같습니다.

▲ 그림 18-1 Deepswapper 로고

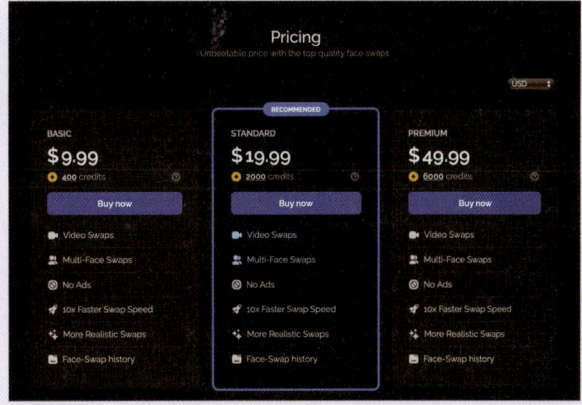
▲ 그림 18-2 Deepswapper 유료 버전 구독 비용

무료로 이용할 수 있는 기능
- 1명이 있는 이미지의 얼굴 교체 기능: 무제한

유료로 이용할 수 있는 기능
- 영상 속 사람의 얼굴 교체
- 두 명 이상의 얼굴 이미지를 한 번에 교체
- 보다 빠른 작업 시간
- 다양한 표정 제공
- 제작 히스토리의 제공(작업한 모든 결과물을 저장)

유료 버전은 많은 기능을 제공하지만 먼저 무료 버전을 충분히 사용해 본 후 유료 버전으로 전환하는 것을 추천합니다. 우선 무료로 할 수 있는 기능에 집중하면 됩니다.

가입하기

01 앞에서 언급한 URL을 브라우저에서 접속하면 보이는 첫 화면입니다.

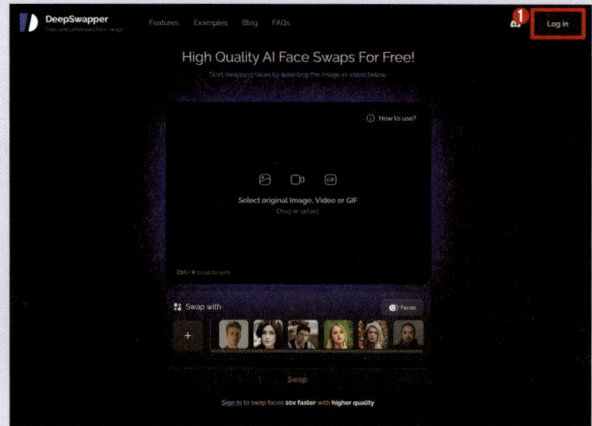

▲ 그림 18-3 Deepswapper에 접속한 직후의 첫 화면

02 페이지 상단의 오른쪽 ❶ "Log in(로그인)"을 클릭하면 팝업이 나타납니다. 이 팝업에서 아래쪽의 ❷ "create an account(계정 새로 만들기)"를 클릭하세요(그림 18-4 참조).

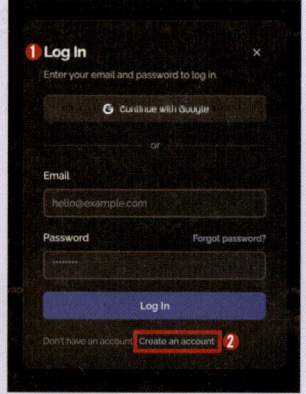

▲ 그림 18-4 Log in(로그인)을 클릭한 후 나타나는 팝업

03 "create an account(계정 만들기)"를 클릭하면 팝업의 내용이 바뀝니다. 해당하는 정보를 입력하고 ❸ "Register"를 클릭하면 회원가입이 완료됩니다. 구글 계정이 있다면 ❹ "Continue with Google"을 클릭하면 더 쉽게 가입할 수 있습니다(그림 18-5 참조).

04 이후 가입한 계정으로 로그인하면 됩니다.

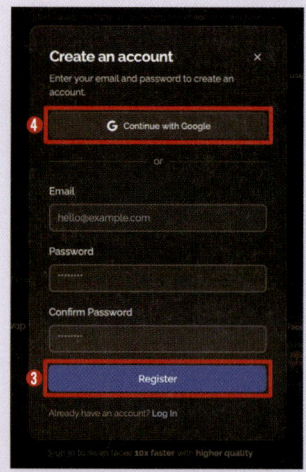

▲ 그림 18-5 Create an account (계정 만들기)를 클릭한 후 나타나는 팝업

시작하기

01 로그인 이후 보이는 화면입니다.

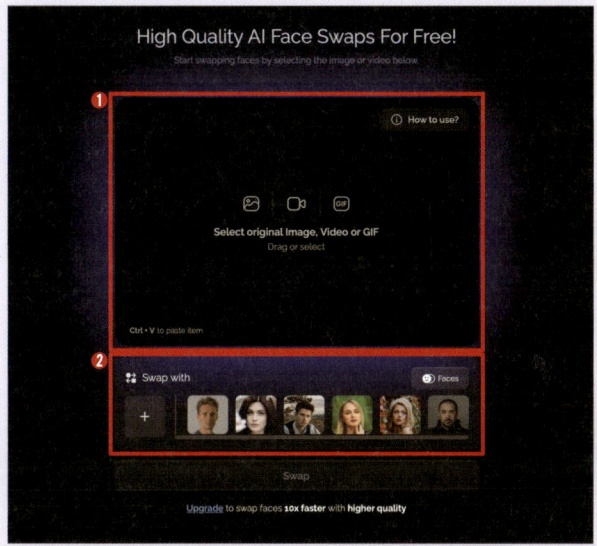

▲ 그림 18-6 로그인 후 보이는 첫 화면

간단한 화면 설명

❶ 검은 배경의 화면: 얼굴을 바꾸고자 하는 이미지, 영상 등을 업로드하는 영역입니다. 해당 아이콘을 클릭하면 업로드할 수 있습니다.

❷ Swap with: 바뀔 얼굴의 모델 이미지를 나열한 영역입니다. 기본으로 제공하는 이미지들이 보입니다. "+"를 클릭하면 바꾸고자 하는 얼굴의 이미지를 업로드할 수 있습니다.

놀랍지만 이게 끝입니다. 이제 간단한 예제를 통해 얼굴을 바꾸는 작업을 진행하도록 하겠습니다.

따라하기

18-1 예제를 통해 따라하기

01 먼저 바꾸고자 하는 이미지를 업로드 하겠습니다. 원본 이미지라 칭하겠습니다.

▲ 그림 18-7 얼굴을 바꾸기 전의 원본 이미지

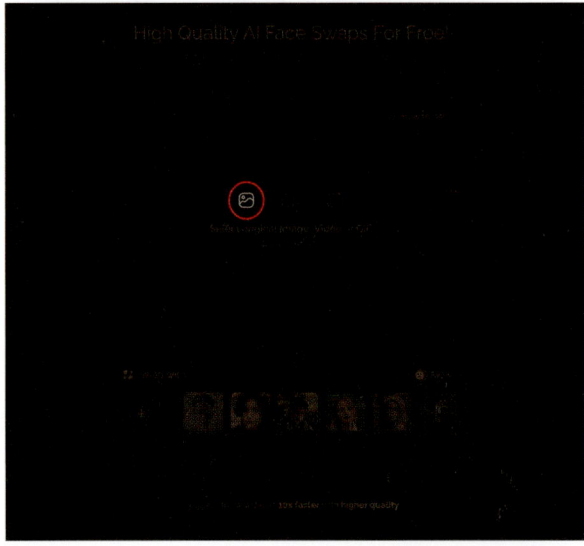

▲ 그림 18-8 이미지 아이콘(빨간 원)을 클릭하면 업로드가 가능합니다.

02 업로드를 하면 다음과 같이 적용이 됩니다.

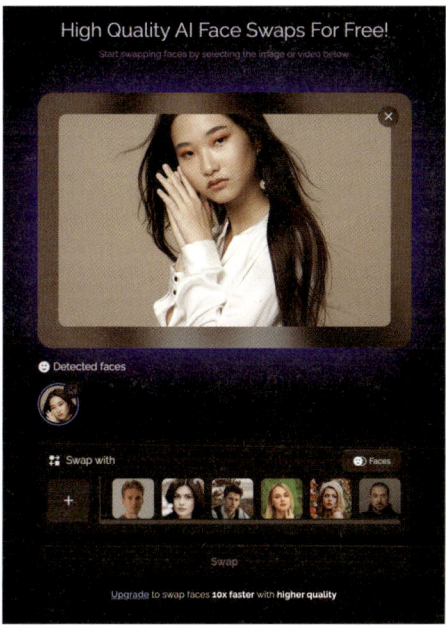

▲그림 18-9 업로드 이후 화면

03 바꾸고자 하는 얼굴이 있는 이미지를 업로드하겠습니다. 참조 이미지라 칭하겠습니다. 다음과 같은 이미지입니다.

▲그림 18-10 바꾸고자 하는 얼굴이 담긴 이미지

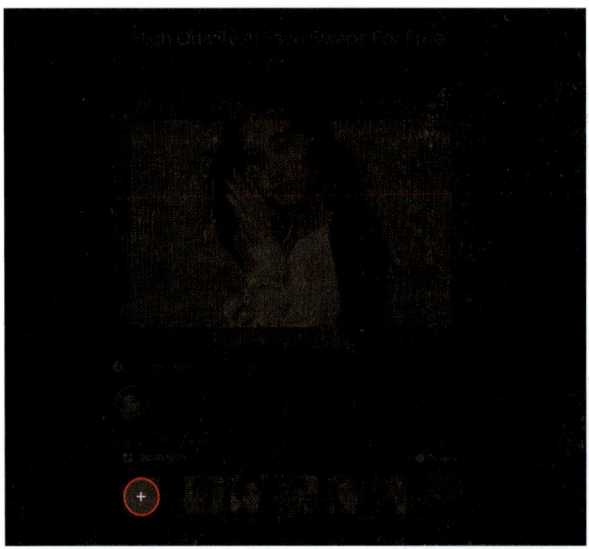

▲ 그림 18-11 이미지 아이콘(빨간 원)을 클릭하면 업로드가 가능합니다.

04 업로드를 하면 다음과 같이 적용됩니다.

▲ 그림 18-12 하단의 Swap with 영역에서 참조 이미지가 적용된 것을 확인할 수 있습니다(가장 첫 번째 이미지).

05 새롭게 업로드한 하단의 참조 이미지를 클릭하면 다음과 같이 화면의 구조가 변경됩니다("X"를 클릭하면 적용이 해제되고, 휴지통 아이콘을 클릭하면 목록에서 지울 수 있습니다). 이 상태에서 "Swap" 버튼을 클릭하면 끝입니다. 원리는 간단합니다. 원본 이미지(그림 18-7)의 얼굴 부분이 참조 이미지(그림 18-10)의 얼굴로 바뀌게 됩니다.

▲ 그림 18-13 참조 이미지를 클릭하면 "Swap" 버튼이 활성화됩니다.

06 Swap 작업이 끝난 후의 화면입니다. 마우스 이동을 통해 변경 전과 후의 이미지를 미리 볼 수 있습니다.

▲ 그림 18-14 변경 전, 후 이미지를 미리 볼 수 있는 화면

07 Swap이 완료된 결과물입니다.

▲ **그림 18-15** 최종 생성 이미지

08 원본과의 비교입니다.

▲ **그림 18-16** 원본(좌)과 생성 이미지(우)의 비교

따라하기

18-2 응용하기

원본 이미지는 그대로 유지하도록 하겠습니다. 작은 이미지는 참조 이미지, 큰 이미지는 바뀐 얼굴이 적용된 이미지입니다.

01 첫번째입니다.

▲ 그림 18-17 참조 이미지(작은 이미지)와 생성 이미지(큰 이미지)

02 두번째입니다.

▲ 그림 18-18 참조 이미지(작은 이미지)와 생성 이미지(큰 이미지)

03 세번째입니다. 이번에는 인종을 바꾸어 보도록 하겠습니다.

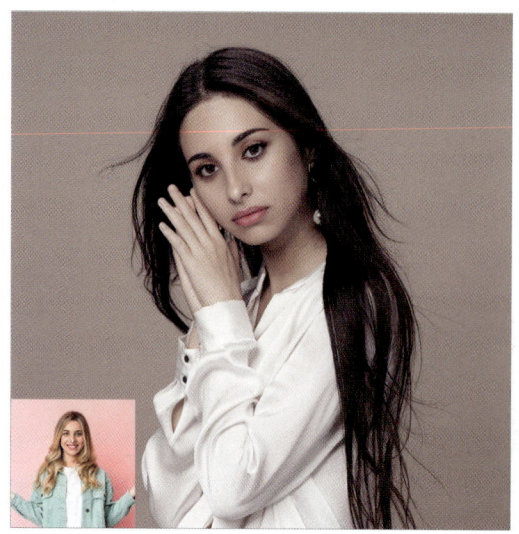

▲ 그림 18-19 참조 이미지(작은 이미지)와 생성 이미지(큰 이미지)

마치며

간단한 예제를 통해 Deepswapper의 기본 원리에 대해 익혀 보았습니다. 무료 툴이며 사용 방법 또한 매우 쉽기 때문에 사용하지 않을 이유가 없을 듯합니다.

다음 장은 보다 다양한 구도와 성별, 연령에 적용해 보는 예제를 소개하겠습니다.

19장

모델의 얼굴을 바꿔주는 AI, 응용 편

16장에서 우리는 Deepswapper를 통해 모델의 얼굴을 바꾸는 것을 익혀 보았습니다. 이번 장에서는 조금 더 다양한 사례의 예제를 통해 몇가지 팁과 주의사항을 추가로 익힐 수 있습니다.

이번 장을 익히면 얻는 것

Warming Up

Deepswapper 활용, 두 번째

지난 시간에 이어 Deepswapper를 사용하도록 하겠습니다.

Deepswapper로 바로 이동하려면?
https://www.deepswapper.com

> 따라하기

19-1 얼굴의 각도가 유사한 경우

01 먼저 모델 이미지 한 장을 업로드하겠습니다.

▲ 그림 19-1 모델 업로드 이미지

02 바꾸고자 하는 얼굴의 이미지를 업로드 합니다.

▲ 그림 19-2 바꾸고자 하는 얼굴이 담긴 이미지

이번 장을 익히면 얻는 것

Warming Up

Vmake 활용, 두 번째

이전 장에 이어 Vmake를 사용하도록 하겠습니다. Vmake는 총 2개의 장으로 이루어지며, 이번 장이 두 번째입니다.

Vmake로 바로 이동하려면?
https://vmake.ai

> 따라하기

26-1 니트 제품 광고 만들기

01 먼저 원본 이미지입니다.

▲ 그림 26-1 원본 이미지

02 여성의 니트를 오렌지 색으로 변경해 줍니다. 제품의 색을 변경하는 방법은 이전 장을 참조해 주세요.

▲ 그림 26-2 Color Changer 기능으로 니트 색상을 변경한 이미지

03 화면 오른쪽 윗부분의 "View Record"를 통해 다운로드 페이지로 이동해 주세요. 이전 장에 언급한 내용입니다. 다운로드 페이지로 이동 후 생성된 이미지에 마우스를 가져가면 여러 가지 버튼들이 보입니다. 이 때 ❶ "…"버튼을 클릭하면 6개의 메뉴가 보입니다. 이 중에서 ❷ "Generate Ad Assets"를 클릭하면 AI Ad Generator(광고 제작 페이지)로 이동합니다.

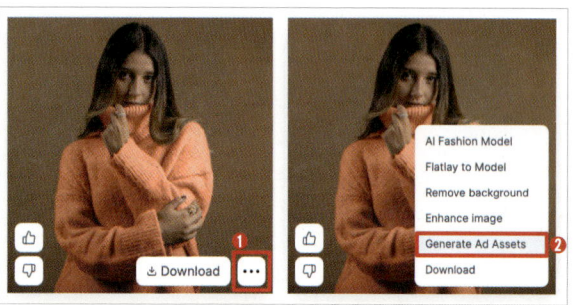

▲ 그림 26-3 Generate Ad Assets의 위치

> **여기서 잠깐** "…"을 클릭하여 나오는 기능 소개
> - AI Fashion Model: 가상의 피팅 모델을 제공합니다.
> - Flatlay to Model: 마네킹 착용 샷을 제공합니다.
> - Remove background: 배경을 세서해 줍니다.
> - Enhance image: 이미지의 화질을 개선해 줍니다.
> - Generate Ad Assets: 광고 배너 이미지를 생성해 줍니다.
> - Download: 이미지를 다운로드합니다.

04 AI Ad Generater로 이동하면 즉석해서 광고를 만들 수 있는 템플릿들을 제공합니다. 이때, 생성된 이미지를 바탕으로 AI가 인식하여 기본 템플릿을 만들어 줍니다. 이 템플릿은 1:1 비율의 인스타그램 게시물 사이즈, 9:16 비율의 인스타 릴스, 틱톡 게시물 사이즈, 4:5 비율의 페이스북 게시물 사이즈 등 총 세 가지 비율의 기본 사이즈를 제공합니다.

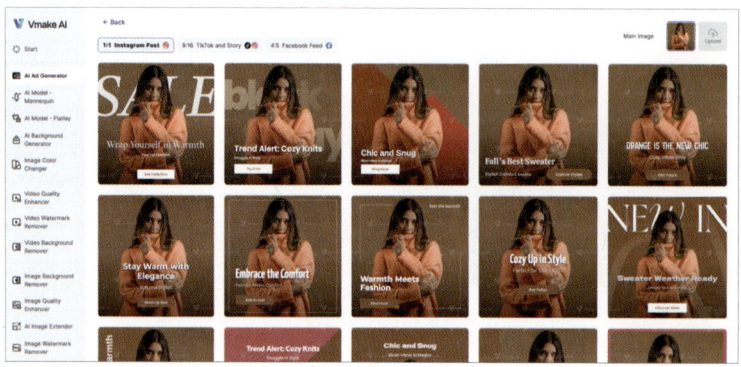

▲ 그림 26-4 다양한 템플릿이 생성된 화면

05 이제 광고 배너를 생성해 보겠습니다. 먼저 하나의 템플릿을 선택합니다. 저는 아래와 같은 템플릿을 선택했습니다.

▲ 그림 26-5 선택한 기본 템플릿

06 템플릿 위에 마우스를 가져가면 버튼들이 활성화 되는데 이때 ❸"Edit" 버튼을 클릭하면 템플릿을 편집할 수 있습니다.

▲ 그림 26-6 "Edit"버튼의 위치

07 "Edit"을 클릭하면 창이 뜨게 되는데 이 창에서 편집이 이루어집니다. 방법은 매우 간단하니 이미지의 오른쪽에서 이것저것 시도해 보세요. 수정한 부분은 이미지에서 바로바로 반영이 되니 눈으로 확인하면서 제작하면 됩니다.

간단한 기능 설명

- Headline: 배너의 제목, 글꼴을 수정할 수 있습니다.
- Punchline: 큰 제목을 보조해주는 서브 카피의 내용과 글꼴을 수정할 수 있습니다.
- Action Button: 버튼의 내용과 글꼴을 수정할 수 있습니다.
- Show action button: 버튼을 이미지에서 제거할 수 있습니다.

- Promary Color: 중심이 되는 색상을 변경할 수 있습니다.
- AA: 대/소문자 변환 기능을 제공합니다.
- 스위치 모양의 아이콘: 글꼴을 변경할 수 있습니다.

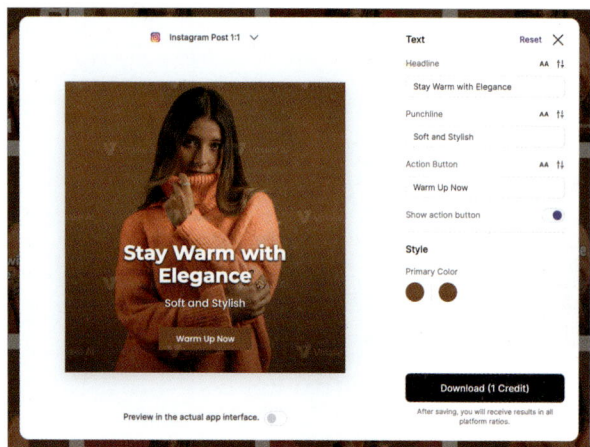

▲ 그림 26-7 "Edit"을 클릭하면 뜨는 편집 창

08 최종 결과물입니다.

▲ 그림 26-8 최종 생성한 배너 이미지

> **여기서 잠깐** 아쉽지만 다국어가 아직 지원되지 않아 영어로만 가능합니다.

09 틱톡, 페이스북 배너도 자동으로 생성됩니다. 이미지 위에 마우스를 가져가면 다운로드할 수 있습니다.

▲ 그림 26-9 비율별로 자동 생성된 배너 이미지

26-2 니삭스 제품 광고 만들기

01 과정은 동일합니다. 먼저 제품의 색상을 변경해 보겠습니다. 왼쪽이 원본, 오른쪽이 변경한 이미지입니다.

▲ 그림 26-10 원본 이미지(좌)와 색상 변경 이미지(우)

02 선택한 템플릿과 최종 생성한 배너 이미지입니다.

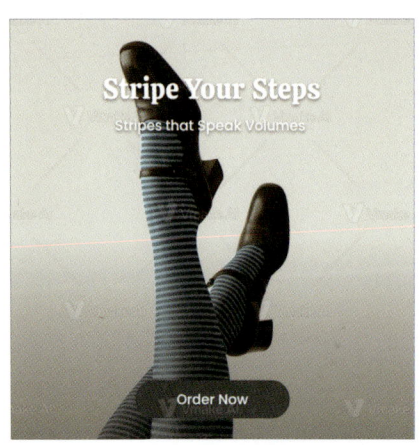
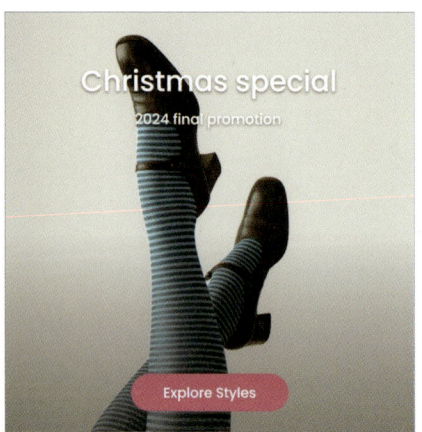

▲ 그림 26-11 선택한 기본 템플릿(좌)와 최종 생성 이미지(우)

> 따라하기

26-3 헤드폰 광고 만들기

01 역시 과정은 동일합니다. 왼쪽이 원본, 오른쪽이 변경한 이미지입니다.

▲ 그림 26-12 원본 이미지(좌)와 색상 변경 이미지(우)

02 선택한 템플릿과 최종 생성한 배너 이미지입니다.

▲ 그림 26-13 선택한 기본 템플릿(좌)과 최종 생성 이미지(우)

| 따라하기

26-4 가방 광고 만들기

01 역시 과정은 동일합니다. 왼쪽이 원본, 오른쪽이 변경한 이미지입니다.

▲ 그림 26-14 원본 이미지(좌)와 색상 변경 이미지(우)

02 선택한 템플릿과 최종 생성한 배너 이미지입니다.

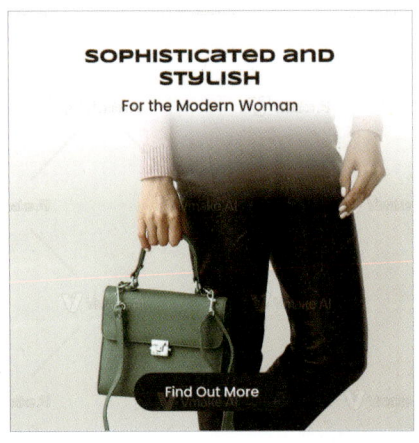 

▲ 그림 26-15 선택한 기본 템플릿(좌)와 최종 생성 이미지(우)

마치며

원하는 색상의 제품을 생성하고, 광고까지 만들어 보았습니다. Vmake를 구독하기로 결심했다면 책에 소개한 두 가지 기능 외에 다른 기능도 사용을 했으면 하는 바람입니다. 피팅 모델 기능은 Flair AI와 비교해 보고, 화질 개선 기능은 1, 2장에서 언급한 Hitpow Fotorpia, Remini와 비교해 보세요. 인공지능 툴의 기능이 서로 중복되는 경우가 생각보다 많습니다. 가장 본인에게 맞는 툴을 경험을 통해 체득하기를 바랍니다.

27장

제품에 자동으로
로고 목업을 적용해 주는
AI

모자를 제작할 경우 마지막에 거치는 공정이 있습니다. 바로 브랜드의 로고 및 그래픽을 모자에 각인하는 일인데요. 이는 모자뿐 아니라 다양한 패션, 액세서리, 나아가 자동차와 건물에도 이러한 공정이 적용됩니다. 이 과정을 위해 샘플을 만들어 적용하게 되는데 이를 일반적인 용어로 목업(Mock-Up)이라고 부릅니다. 이 목업 작업을 실제 샘플제품을 생산하지 않고 간단하게 적용해 볼 수 있는 기능이 존재합니다. 어도비 일러스트레이터의 AI 기능인 목업 기능이 바로 그것입니다. 몇 가지의 예제를 통해 제품에 로고 및 그래픽을 자연스럽게 적용해 보고 따라하면서 방법을 익혀보도록 하겠습니다.

이번 장을 익히면 얻는 것

Warming Up

Adobe Illustrator 소개

어도비의 일러스트레이터를 사용하도록 하겠습니다. 이번 장을 포함한 향후에 남은 세 개의 장은 현직 디자이너를 위한 내용이며, 어도비의 일러스트레이터를 다룰 줄 아는 것을 전제로 진행하도록 하겠습니다. 아 그렇다고 디자이너가 아닌 분들도 포기하지는 마세요! 과정은 매우 간단하니까요.

3장에 나온 내용을 다시 한번 언급합니다. Firefly에 대해서 설명하면서 언급한 내용입니다.

"Adobe의 단품을 구독하는 것보다 패키지로 구성된 Creative Cloud를 구독하면 이 책에서 앞으로 나올 여러 가지 AI 기능들을 전부 체험해 볼 수 있습니다. 가격은 월 78,100원(개인용)이지만 연초에 자주 반값행사를 Adobe에서 진행하니 그 기간에 구매하시는 것을 추천합니다. 충분히 생각하시고 판단해 주세요."

이와 같이 어도비 패키지를 구독할 경우 일러스트레이터 또한 사용이 가능합니다. 만약 단품으로 사용할 경우는 월 30,800원이며 이는 반값행사를 하는 토탈 패키지 금액과 유사합니다. 그래서 일러스트레이터를 단품으로 구매하는 것은 추천하지 않습니다. 무료로 체험하고 싶은 경우 7일간 무료로 사용할 수 있습니다.

따라하기

27-1 모자에 적용하기

01 먼저 원본 이미지입니다.

▲ 그림 27-1 원본 이미지

02 모자에 적용할 로고 이미지입니다.

▲ 그림 27-2 로고 이미지

여기서 잠깐 목업 작업을 위한 로고는 반드시 벡터 형식의 파일만 사용할 수 있습니다. (예 ai/eps/svg)

03   이제 일러스트레이터를 실행합니다. 이후 최종 제작할 이미지의 크기와 동일하게 새로운 아트
보드를 생성해 줍니다. 저는 2000×2000px로 생성하였습니다. 어도비 프로그램은 보통 영문
판을 사용하지만 쉬운 설명을 위해 한글판으로 진행하도록 하겠습니다.

▲ 그림 27-3 2000×2000px의 새 아트보드 생성

04   이제 가져오기를 통해 원본 이미지를 불러옵니다.

▲ 그림 27-4 아트보드에 원본 이미지를 "가져오기"를 통해 불러온 상태

05 이제 로고 파일을 엽니다.

▲ 그림 27-5 로고를 연 상태(다른 탭이 활성)

06 로고를 복사하여 모자를 가져온 아트보드 옆에 붙여넣기를 합니다.

▲ 그림 27-6 모자 이미지 위에 로고를 붙여넣기 한 상태

07 모자 이미지와 로고를 동시에 선택한 상태에서 마우스 우 클릭 후 "목업 > 목업만들기" 를 클릭합니다.

▲그림 27-7 "목업 만들기"의 위치

08 "목업 만들기"를 클릭한 이후의 화면입니다. 모자의 형태를 AI가 자동으로 인식히여 형대의 빈화가 발생했습니다. 로고 주변으로 동그란 형태의 선으로 바뀌었다면 적용이 성공적으로 반영된 것입니다.

▲그림 27-8 로고 주변에 동그란 선이 반영된 모습

09 이제 로고가 선택된 상태에서 크기 및 각도 조정을 할 수 있습니다. 이후 원하는 지점으로 로고를 이동하면 됩니다. QR 코드를 통해 생성 원리를 볼 수 있습니다.

▲ 그림 27-9 생성 과정 영상

10 몇 번의 과정을 통해 다음과 같이 적용하였습니다.

▲ 그림 27-10 비율별로 자동 생성된 배너 이미지

11 자연스러운 느낌을 주기 위해 로고를 선택한 후 검정색의 로고를 어두운 회색으로 바꾸고 투명도 창을 통해 블렌드 모드를 "곱하기"로 바꾸어 주면 최종 결과물이 생성됩니다.

▲ 그림 27-11 최종 생성 이미지

12 로고의 색상과 각도, 크기 조정을 통해 다음과 같은 형태의 결과물도 얻을 수 있습니다.

▲ 그림 27-12 최종 생성 이미지의 다른 형태   ▲ 그림 27-13 최종 생성 이미지의 다른 형태

따라하기

27-2 운동화에 적용하기

01 과정은 동일합니다. 왼쪽이 원본, 오른쪽이 로고(그래픽) 이미지입니다.

▲ 그림 27-14 원본 이미지(좌)와 그래픽 로고(우)

02 마찬가지로 운동화의 형태를 AI가 인식하여 로고를 표면에 따라 흐르게 됩니다. QR 코드를 통해 영상으로 확인할 수 있습니다.

▲ 그림 27-15 생성 과정 영상

03 목업 작업이 완료된 최종 생성 이미지입니다.

▲ 그림 27-16 최종 생성 이미지

27-3 화장품에 적용하기

01 과정은 동일합니다. 왼쪽이 원본, 오른쪽이 로고(그래픽) 이미지입니다.

▲ 그림 27-17 원본 이미지(좌)와 그래픽 로고(우)

02 목업 작업이 완료된 최종 생성 이미지입니다.

▲ 그림 27-18 최종 생성 이미지

따라하기

27-4 티셔츠에 적용하기

01 과정은 동일합니다. 왼쪽이 원본, 오른쪽이 로고(그래픽) 이미지입니다. 이번에는 유명한 로고를 적용해 보도록 하겠습니다.

▲ 그림 27-19 원본 이미지(좌)와 그래픽 로고(우)

02 목업 작업이 완료된 최종 생성 이미지입니다.

▲ 그림 27-20 최종 생성 이미지

마치며

원하는 로고나 그래픽을 제품에 간단하게 적용해 보았습니다. 어도비 일러스트레이터 자체는 디자이너가 아니면 다루기 어려운 툴입니다만 최근 어도비에서는 다양한 인공지능을 그래픽 툴에 적용하는 추세입니다. 다소 어렵더라도 마케팅에 도움이 된다면 목업 기능만이라도 살짝 익혀보는 건 어떨까요? 이 책을 읽고 단 한 분의 독자분이라도 일러스트레이터를 배우고자 한다면 매우 뿌듯할 것 같습니다. 지금 시작해 보세요.

28장

글씨에
다양한 질감을 주는
AI

온라인 쇼핑몰 또는 SNS 광고 배너 중에 많이 보이는 스타일의 배너가 있습니다. 오른쪽 배너가 대표적인 예입니다.

이 배너에서 "60%" 부분을 주목해 주세요. 과거에는 이러한 네온 효과를 전부 디자이너가 수작업으로 제작하였습니다. 당연히 일반인들은 엄두가 나지 않았죠. 그러나 이제 인공지능의 발달로 인해 글씨 혹은 로고에 이러한 효과를 간단하게 적용할 수 있는 길이 열리게 되었습니다. 이제부터 예제를 따라하면 됩니다.

이번 장을 익히면 얻는 것

Warming Up

Adobe Firefly 활용, 여섯 번째

어도비의 일러스트레이터와 어도비 파이어플라이를 사용하도록 하겠습니다. 현직 디자이너를 위한 내용이며, 어도비의 일러스트레이터를 다룰 줄 아는 것을 전제로 진행하도록 하겠습니다. 그러나 27장과 마찬가지로 디자이너가 아닌 분들도 포기하지는 마세요! 과정은 매우 간단하니까요.

> 따라하기

28-1 네온 효과 적용하기

01 먼저 일러스트레이터로 다음과 같은 이미지를 제작합니다. 이 이미지에서 어떤 색상을 사용하는지는 중요하지 않습니다. "6"과 "0"과 "%"가 구분이 될 수 있게만 색상을 적용하면 됩니다.

▲ 그림 28-1 일러스트레이터로 제작한 "60%" 이미지

 "60%"의 형태는 독자분의 취향대로 만들면 됩니다만 가능하면 굵은 서체를 사용하는 것을 추천합니다. 서체가 굵을수록 인공지능이 더 잘 인식하기 때문입니다.

02 이제 일러스트레이터 작업은 끝입니다. 이제 파이어플라이를 접속해 보도록 하겠습니다.

Firefly로 바로 이동하려면?
https://firefly.adobe.com

03 파이어플라이 접속 화면입니다. 스크롤을 내린 후 이 화면에서 ❶"텍스트를 이미지로"를 클릭해 주세요.

▲ **그림 28-2** "텍스트를 이미지로"의 위치

04 "텍스트를 이미지로"를 클릭한 이후 다음과 같은 화면으로 전환이 되며 하단에 프롬프트 입력창이 보입니다.

▲ **그림 28-3** 프롬프트 입력창의 위치

05 이 프롬프트 창에 다음과 같이 입력하고 "생성하기"를 클릭합니다.

> 📁 **프롬프트**
> 3개의 파란색, 노란색, 빨간색의 둥근 네온사인

06   그럼 다음과 같이 화면이 전환되며 네 장의 이미지가 생성됩니다.

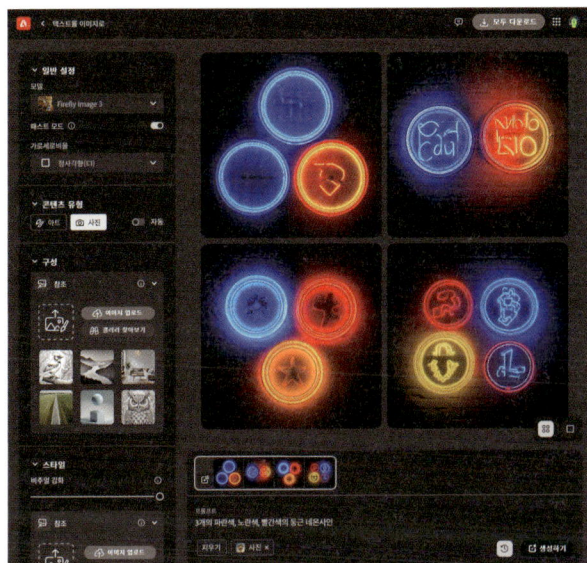

여기서 잠깐
왼쪽 메뉴 "콘텐츠 유형"에서 "사진"을 선택해야 합니다. 사진이 아트나 자동으로 설정이 되어 있다면 사진을 클릭하여 설정해 주세요.

▲그림 28-4 프롬프트에 반응하여 생성된 이미지들

07   이제 네 장의 이미지 중 마음에 드는 이미지 위에 마우스를 올리면 ❶"편집"이라는 버튼이 보입니다. 이 편집 버튼을 클릭하면 여러 가지 기능들이 보이는데 이 기능 중 ❷"스타일 참조로 사용"을 클릭해 주세요.

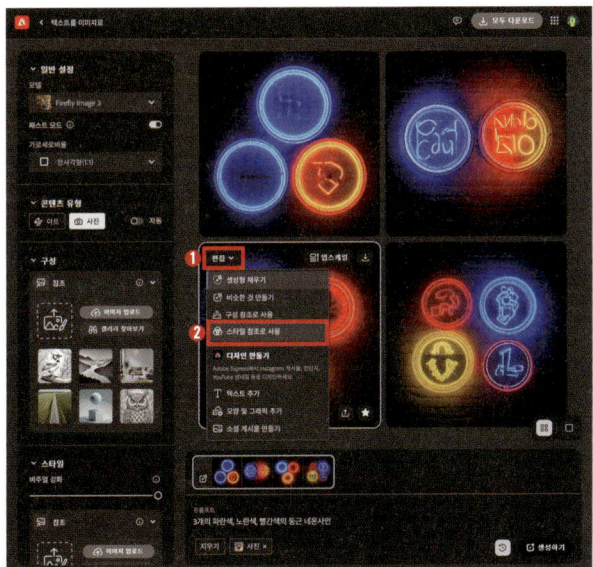

▲그림 28-5 편집 / 스타일 참조로 사용

08 "스타일 참조로 사용"을 클릭하면 왼쪽 메뉴의 "스타일" 영역의 참조 부분에 방금 선택한 이미지가 적용되어 있음을 확인할 수 있습니다.

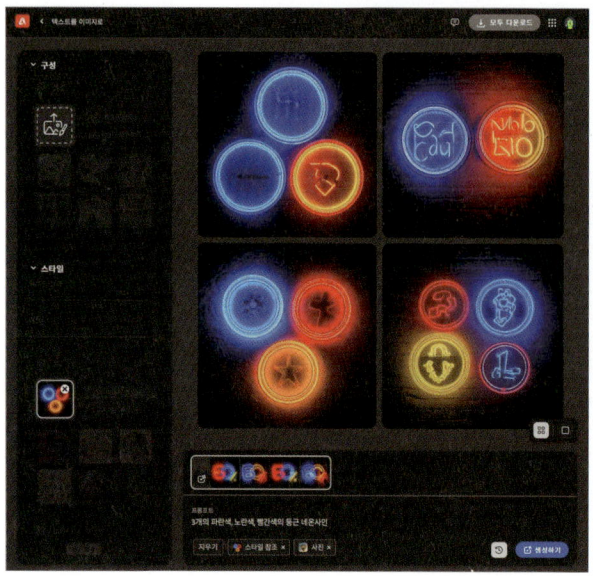

▲ 그림 28-6 왼쪽 메뉴 "스타일"에 이미지가 적용된 것을 확인

09 이제 왼쪽 메뉴 "스타일"의 위를 보면 ❶"구성"이 있습니다. 구성 영역에서 "참조"의 아래 부분을 보면 이미지를 업로드 하는 영역과 버튼이 있습니다. 이제 만들어 놓은 "60%" 이미지를 업로드 하도록 하겠습니다. 업로드를 하면 다음과 같이 구성 영역에 이미지가 업로드 된 것을 눈으로 확인할 수 있습니다.

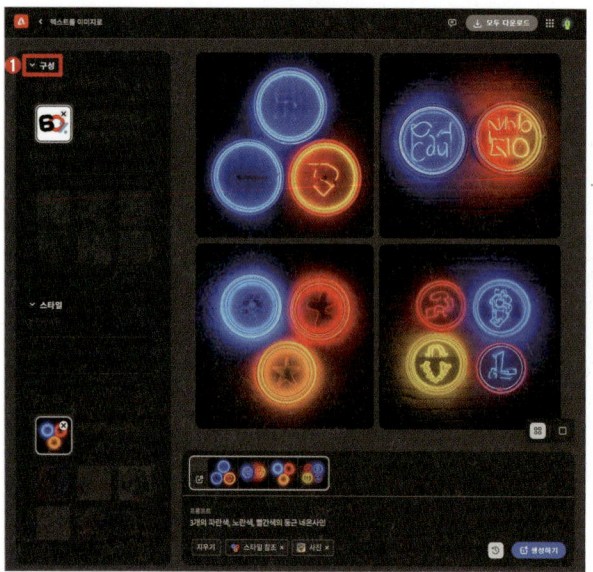

▲ 그림 28-7 왼쪽 메뉴 "구성"에 업로드 이미지(60%)가 적용된 것을 확인

10 이제 끝났습니다. 화면의 오른쪽 아래의 ❷"생성하기" 버튼을 클릭해 주세요. 그러면 업로드한 "60%"의 모양을 인식하여 자동으로 네온효과가 적용됩니다. 전부 네 장의 결과물이 생성되며 마음에 드는 이미지가 생성될 때까지 계속 생성하기를 클릭하면 됩니다.

▲ 그림 28-8 "60%"의 모양을 인식하여 네 장씩 생성되는 이미지

11 최종 생성 이미지입니다.

▲ 그림 28-9 최종 선택한 생성 이미지

12 왼쪽의 이미지만으로 오른쪽과 같은 이미지가 생성되었습니다.

▲ 그림 28-10 원본 이미지(좌)와 최종 생성 이미지(우)

> **따라하기**

28-2 풍선 질감 적용하기

01 과정은 동일합니다. 프롬프트 창에 다음과 같이 입력하고 "생성하기"를 클릭합니다.

> 📁 **프롬프트**
> 떠 있는 풍선, 흰색 배경에 고립

02 그럼 다음과 같이 화면이 전환되며 네 장의 이미지가 생성됩니다.

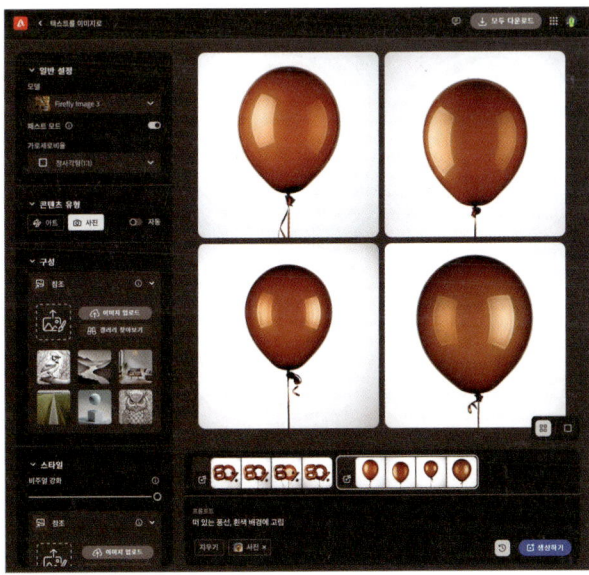

▲ 그림 28-11 프롬프트에 반응하여 생성된 이미지들

03 마찬가지로 네 장의 이미지 중 마음에 드는 이미지를 "스타일 참조로 사용"을 적용 후 생성하기를 클릭해 주세요.

▲ 그림 28-12 풍선 스타일로 네 장씩 생성되는 "60%" 이미지

04 최종 생성 이미지입니다.

▲ 그림 28-13 최종 선택한 생성 이미지

05 풍선에 여러 가지 색깔을 적용하고 싶은 경우는 처음 과정으로 다시 돌아가 프롬프트를 아래와 같이 입력해 주세요.

> 📁 **프롬프트**
> 떠 있는 파란색, 노란색, 빨간색 풍선, 흰색 배경에 고립

06 그럼 다음과 같이 화면이 전환되며 네 장의 이미지가 생성됩니다.

▲그림 28-14 프롬프트에 반응하여 생성된 이미지들

07 마찬가지로 네 장의 이미지 중 마음에 드는 이미지를 "스타일 참조로 사용"을 적용 후 생성하기를 클릭해 주세요.

▲그림 28-15 3가지 색의 풍선 스타일로 네 장씩 생성되는 "60%" 이미지

08 최종 생성 이미지입니다.

▲그림 28-16 최종 선택한 생성 이미지

> 따라하기

28-3 금속 질감 적용하기

01 과정은 동일합니다. 프롬프트 창에 다음과 같이 입력하고 "생성하기"를 클릭합니다.

> 📁 **프롬프트**
> 떠 있는 메탈 블럭, 흰색 배경에 고립

02 그럼 다음과 같이 화면이 전환되며 네 장의 이미지가 생성됩니다.

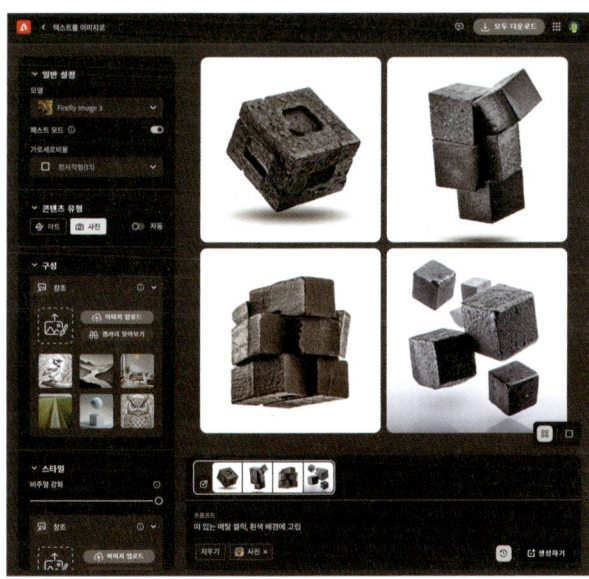

▲ 그림 28-17 프롬프트에 반응하여 생성된 이미지들

03 마찬가지로 네 장의 이미지 중 마음에 드는 이미지를 ❶"스타일 참조로 사용"을 적용 후 ❷생성하기를 클릭해 주세요.

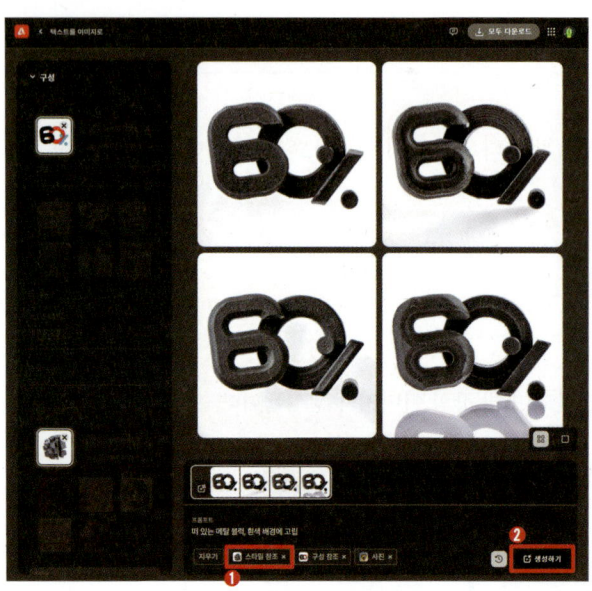

▲그림 28-18 메탈 스타일로 네 장씩 생성되는 "60%" 이미지

04 최종 생성 이미지입니다.

▲그림 28-19 최종 선택한 생성 이미지

05 광이 나는 금속 표현을 원하면 처음 과정으로 다시 돌아가 프롬프트를 아래와 같이 입력해 주세요.

> 📁 **프롬프트**
> 떠 있는 크롬 블럭, 흰색 배경에 고립

06 그럼 다음과 같이 화면이 전환되며 네 장의 이미지가 생성됩니다.

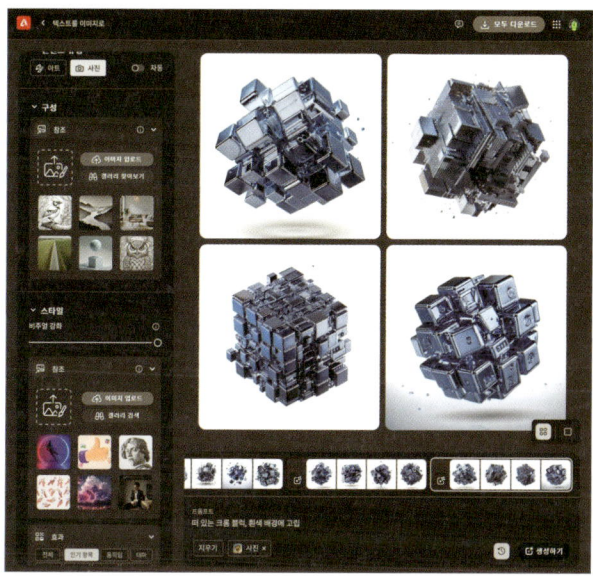

▲그림 28-20 프롬프트에 반응하여 생성된 이미지들

07 마찬가지로 네 장의 이미지 중 마음에 드는 이미지를 ❶"스타일 참조로 사용"을 적용 후 ❷생성하기를 클릭해 주세요.

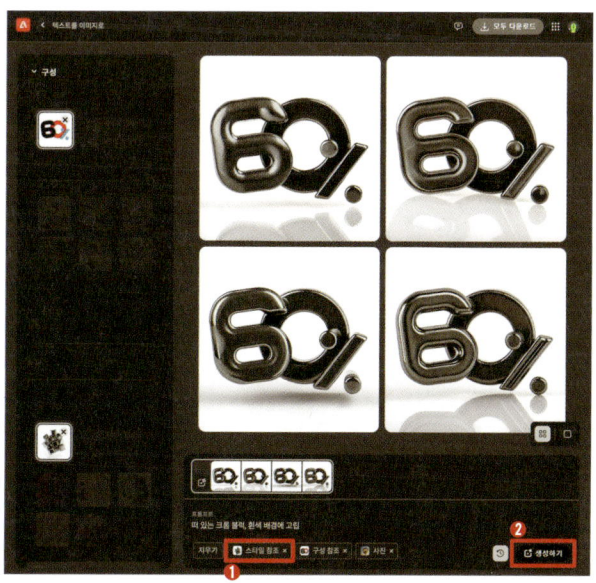

▲그림 28-21 크롬 스타일로 네 장씩 생성되는 "60%" 이미지

글씨에 다양한 질감을 주는 AI / 405

08 최종 생성 이미지입니다.

▲ 그림 28-22 최종 선택한 생성 이미지

따라하기

28-4 얼음 질감 적용하기

01 과정은 동일합니다. 프롬프트 창에 다음과 같이 입력하고 "생성하기"를 클릭합니다.

> 📁 **프롬프트**
> 떠 있는 유리 블럭, 검은색 배경에 고립

02 그럼 다음과 같이 화면이 전환되며 네 장의 이미지가 생성됩니다.

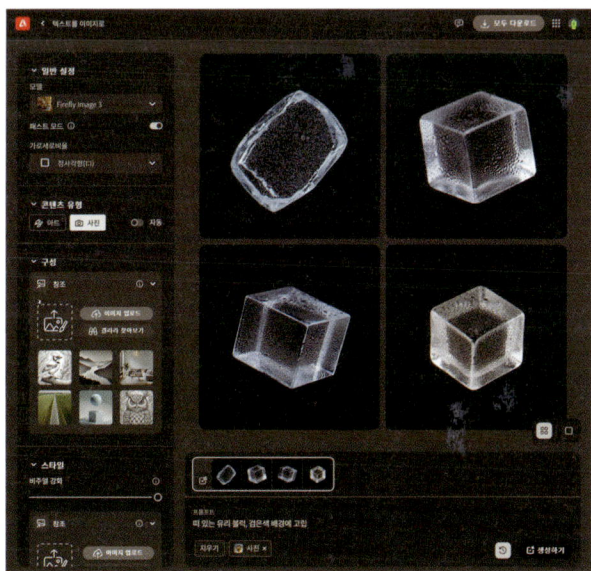

▲ 그림 28-23 프롬프트에 반응하여 생성된 이미지들

03   마찬가지로 네 장의 이미지 중 마음에 드는 이미지를 ❶"스타일 참조로 사용"을 적용 후 ❷생성하기를 클릭해 주세요.

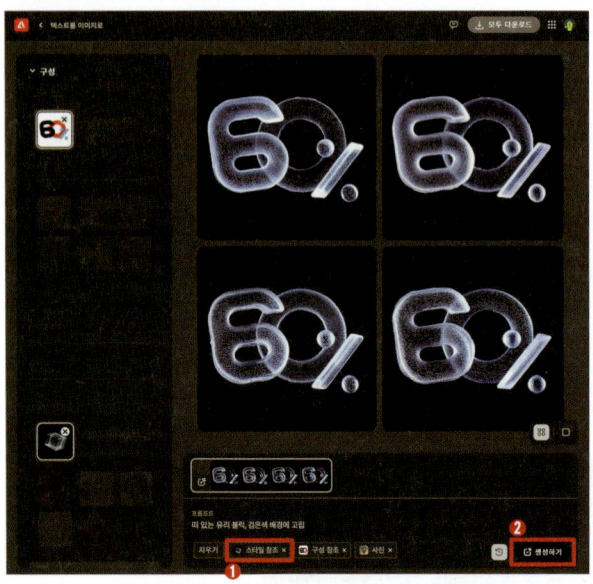

▲그림 28-24 얼음(유리) 스타일로 네 장씩 생성되는 "60%" 이미지

04   최종 생성 이미지입니다.

▲그림 28-25 최종 선택한 생성 이미지

따라하기

28-5 불 효과 적용하기

01 과정은 동일합니다. 프롬프트 창에 다음과 같이 입력하고 "생성하기"를 클릭합니다.

> 📁 **프롬프트**
> 떠 있는 화염, 빨간색 배경에 고립

02 그림 다음과 같이 화면이 전환되며 네 장의 이미지가 생성됩니다.

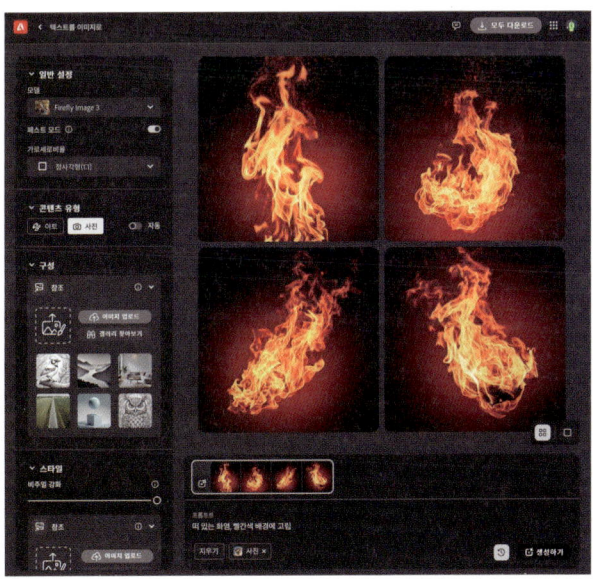

▲ 그림 28-26 프롬프트에 반응하여 생성된 이미지들

03 마찬가지로 네 장의 이미지 중 마음에 드는 이미지를 ❶"스타일 참조로 사용"을 적용 후 ❷생성하기를 클릭해 주세요.

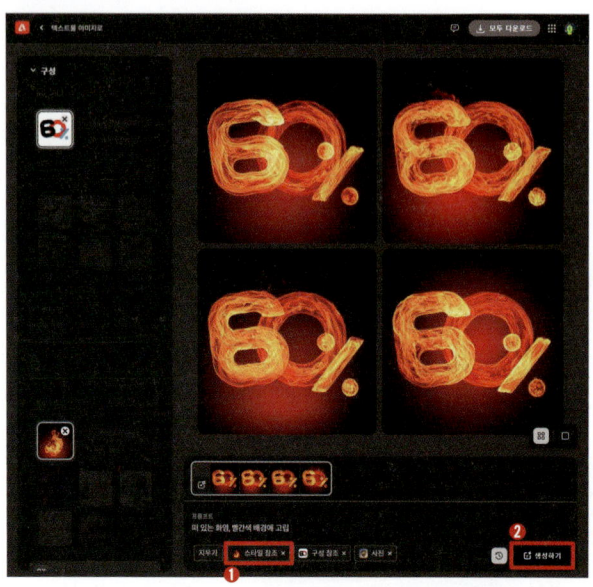

▲ 그림 28-27 불(화염) 스타일로 네 장씩 생성되는 "60%" 이미지

04 최종 생성 이미지입니다.

▲ 그림 28-28 최종 선택한 생성 이미지

> 따라하기

28-6 털실 질감 적용하기

01 과정은 동일합니다. 프롬프트 창에 다음과 같이 입력하고 "생성하기"를 클릭합니다.

> 📁 **프롬프트**
> 떠 있는 알록달록한 털실 뭉치, 흰색 배경에 고립

02 그럼 다음과 같이 화면이 전환되며 네 장의 이미지가 생성됩니다.

▲ 그림 28-29 프롬프트에 반응하여 생성된 이미지들

03   마찬가지로 네 장의 이미지 중 마음에 드는 이미지를 ❶"스타일 참조로 사용"을 적용 후 ❷생성하기를 클릭해 주세요.

▲ 그림 28-30 털실 스타일로 네 장씩 생성되는 "60%" 이미지

04   최종 생성 이미지입니다.

▲ 그림 28-31 최종 선택한 생성 이미지

따라하기

28-7 빵 질감 적용하기

01 과정은 동일합니다. 프롬프트 창에 다음과 같이 입력하고 "생성하기"를 클릭합니다.

> 📁 **프롬프트**
> 떠 있는 바게트, 오렌지색 배경에 고립

02 그럼 다음과 같이 화면이 전환되며 네 장의 이미지가 생성됩니다.

▲ 그림 28-32 프롬프트에 반응하여 생성된 이미지들

03 마찬가지로 네 장의 이미지 중 마음에 드는 이미지를 ❶"스타일 참조로 사용"을 적용 후 ❷생성하기를 클릭해 주세요.

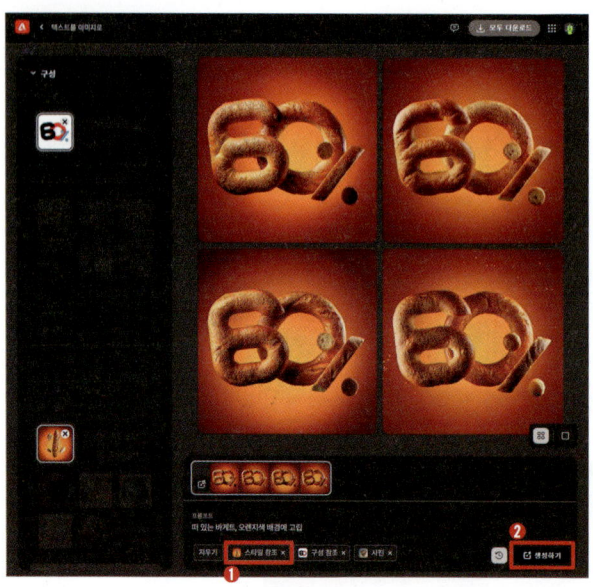

▲ 그림 28-33 빵(바게트) 스타일로 네 장씩 생성되는 "60%" 이미지

04 최종 생성 이미지입니다.

▲ 그림 28-34 최종 선택한 생성 이미지

마치며

저는 오래전부터 디자인을 해왔으며, 이러한 효과를 만들기 위해 매우 고생했던 경험을 갖고 있습니다. 그래서 말씀드리면 이번 장은 꼭 따라해보고 응용해보고 자기 것으로 만들었으면 하는 바람이 있습니다. 이 기능은 과장해 표현하면 모든 디자이너의 표현력의 끝판왕이라고 볼 수 있기 때문입니다. 이 책을 보지 못한 분들은 어쩔 수 없지만 적어도 이 책을 본 분들, 이 내용을 읽고 예제를 따라하는 모든 분들은 이미 디자이너가 할 수 있는 많은 부분을 인공지능으로 할 수 있다고 말할 수 있습니다.

다음 장은 이번 장의 과정을 토대로 더 다양한 케이스를 선보이도록 하겠습니다.

29장

로고에
다양한 질감을 주는
AI

이전 장에서 우리는 어도비 파이어플라이의 "구성" 기능을 통해 글씨에 여러 가지 질감을 주고 효과를 넣는 방법을 익혀보았습니다. 이 기능은 글씨뿐 아니라 여러 가지 형태를 인식하고 표현해 주는데요. 로고나 심볼 등에서도 그 진가를 발휘합니다. 지난 장보다 더 쉽게 접근하기 위해

1. 로고와 심볼은 다운로드하여 사용할 예정
2. 일러스트레이터는 사용하지 않도록 하겠습니다.
3. 스타일 이미지 또한 무료로 다운로드한 이미지를 사용해 보겠습니다.

다시 한번 예제를 따라해 볼까요.

이번 장을 익히면 얻는 것

LIPSTICK SWEETER
THAN CANDY

D+3

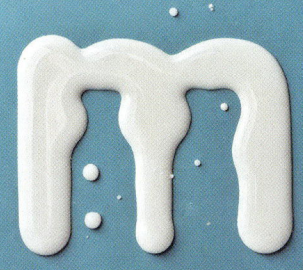

초원에서 자라는 소가 만든
최고의 우유가 찾아옵니다.

더 가벼운 와이파이
월 2만원에 누리세요

kt

Warming Up

Adobe Firefly 활용, 일곱 번째

어도비 파이어플라이를 사용하도록 하겠습니다. 앞 장과 마찬가지로 디자이너가 아닌 분들도 포기하지는 마세요! 과정은 매우 간단하니까요.

> **따라하기**

29-1 액체 질감 적용하기

01 먼저 로고 하나를 다운로드 하겠습니다. 우유병 두개가 보이는 "m"자 모양의 로고입니다. 이 로고 이미지는 당연히 "구성"의 참조 이미지로 사용할 계획입니다.

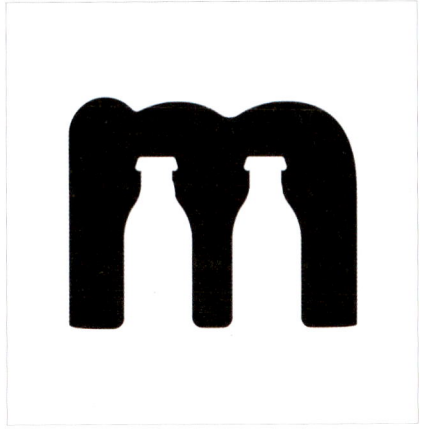

> **여기서 잠깐**
> 로고는 글의 형태인 것과 심볼이 형태인 것들이 있습니다. 글 형태의 로고는 지난 장과 동일한 방법을 사용하면 됩니다. 이번 장은 심볼의 형태로 된 것들만 예제로 진행하도록 하겠습니다.

▲그림 29-1 예제를 위해 다운로드 한 로고

02 이제 스타일을 참조할 이미지도 다운로드합니다. 저는 우유로 만든 느낌을 주고 싶었기 때문에 다음과 같은 이미지를 다운로드하였습니다. 이런 이미지는 "milk splash"로 검색하면 됩니다.

> **여기서 잠깐**
> 어도비를 구독하고 있다면 어도비스톡(https://stock.adobe.com), 아무것도 구독하지 않다면 pexels(https://www.pexels.com)에서 무료 이미지를 다운로드할 수 있습니다.

▲그림 29-2 "milk splash"로 검색하며 다운로드한 이미지

03 이제 파이어플라이에 접속 후 3가지를 진행하면 됩니다. 프롬프트에 ❶ "흰색 우유 덩어리, 흐르는 표면, 파란색 배경에 고립"을 입력한 후 ❷생성하기를 클릭합니다.

▲ 그림 29-3 "흰색 우유 덩어리, 흐르는 표면, 파란색 배경에 고립"으로 생성한 이미지들

04 구성 영역의 참조 부분에 로고 이미지를 업로드, 스타일 영역의 참조 부분에 다운로드한 이미지를 업로드합니다.

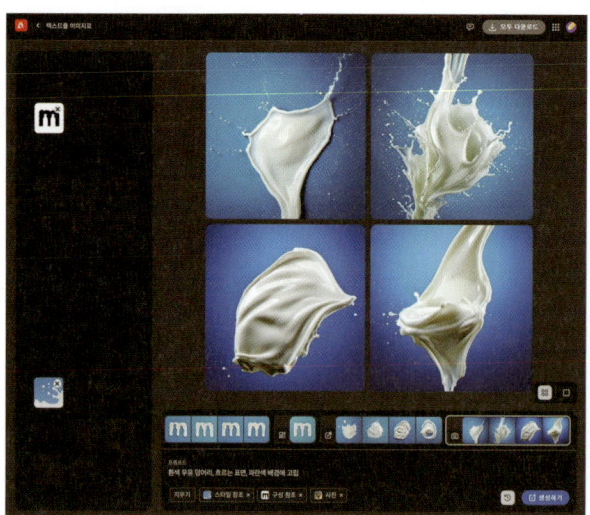

▲ 그림 29-4 로고 이미지와 다운로드 이미지 업로드 위치(화면 왼쪽)

05 우유가 공중에 떠 있을 수는 없으므로 위에서 바라보는 카메라 앵글을 적용하겠습니다. 왼쪽 부분 아래까지 스크롤하면 "카메라 각도" 영역이 나타납니다. 이곳을 클릭하여 "90도 배치"를 선택하면 위에서 내려다 보는 각도의 이미지가 생성됩니다.

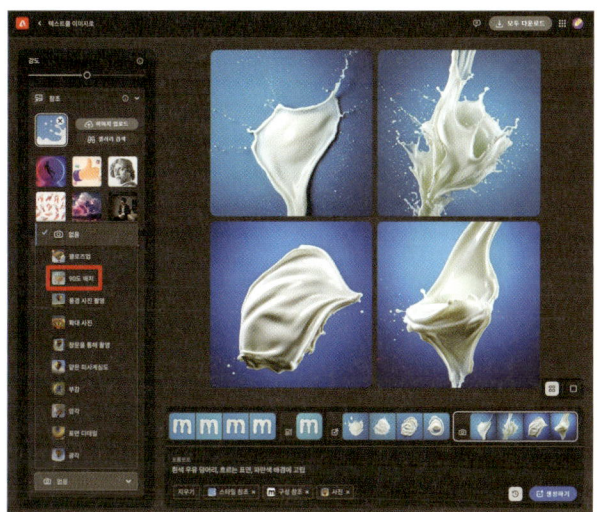

▲ 그림 29-5 카메라 각도 > 90도 배치를 선택

06 이제 생성하기를 클릭하시면 네 장의 이미지가 생성됩니다.

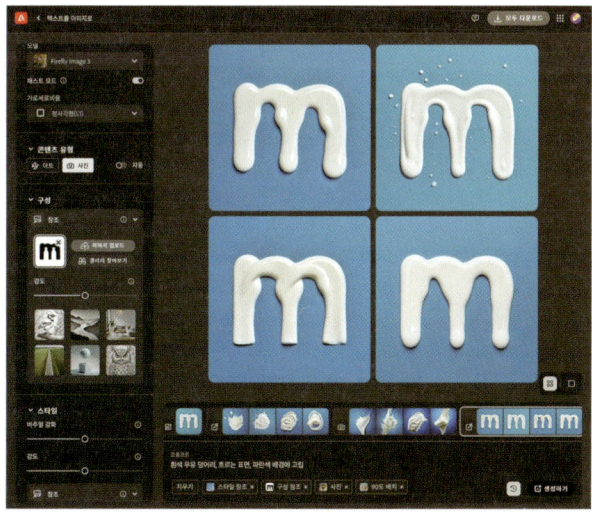

▲ 그림 29-6 네 장의 이미지 생성

로고에 다양한 질감을 주는 AI / 421

07 최종 생성한 이미지 중 하나입니다. 로고의 모양대로 우유가 뭉친 것을 확인할 수 있습니다.

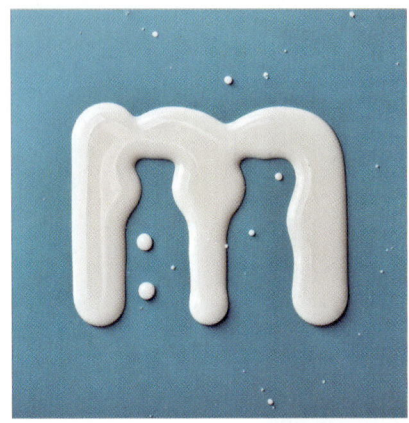

▲ 그림 29-7 최종 선택 이미지

08 이 상태에서 왼쪽 구성 부분의 강도를 최대로 올려주면 로고의 모양을 더 강하게 묘사하게 됩니다.

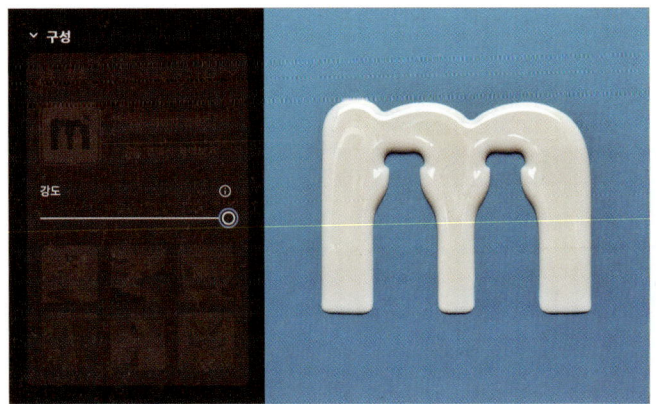

▲ 그림 29-8 구성 〉 강도를 최대치로 올린 후 생성한 이미지

09 이런 형태로 디자인하여 사용할 수 있습니다.

▲ 그림 29-9 광고에 적용한 사례

| 따라하기 |

29-2 사탕 질감 적용하기

01 먼저 로고 하나를 다운로드 하겠습니다. 립스틱을 판매하는 브랜드이며, 강렬한 입술 모양의 로고입니다.

▲그림 29-10 예제를 위해 다운로드 한 로고

02 이제 스타일을 참조할 이미지도 다운로드합니다. 사탕의 질감을 만들고 싶었기 때문에 다음과 같은 이미지를 다운로드하였습니다. 이런 이미지는 "lollipop candy"로 검색하면 됩니다.

▲그림 29-11 "lollipop candy"로 검색하며 다운로드한 이미지

03 이제 파이어플라이에 접속 후 4가지를 진행하면 됩니다.

- 구성 참조에 로고 이미지를 업로드합니다.
- 스타일 참조에 사탕 이미지를 업로드합니다.
- 카메라 각도는 "90"도 배치도 설정합니다.
- 프롬프트에 "광택 효과, 롤리팝 캔디 1개, 베이지색 배경에 고립"을 입력한 후 생성하기를 클릭합니다.

▲ 그림 29-12 4장의 이미지 생성

04 최종 생성한 이미지 중 하나입니다. 로고의 모양대로 사탕이 만들어진 것을 확인할 수 있습니다.

▲ 그림 29-13 최종 선택 이미지

05 이런 형태로 사용할 수 있습니다.

▲ 그림 29-14 광고에 적용한 사례

| 따라하기 |

29-3 풍선 질감 적용하기

01 먼저 심볼 하나를 다운로드 하겠습니다. 와이파이 심볼입니다.

▲그림 29-15 예제를 위해 다운로드 한 심볼

02 이제 스타일을 참조할 이미지도 다운로드합니다. 풍선의 질감을 만들고 싶었기 때문에 다음과 같은 이미지를 다운로드하였습니다. 이런 이미지는 "balloon"로 검색하면 됩니다.

▲그림 29-16 "balloon"으로 검색하며 다운로드한 이미지

03 이제 파이어플라이를 접속 후 4가지를 진행하시면 됩니다.

- 구성 참조에 심볼 이미지를 업로드 합니다.
- 스타일 참조에 풍선 이미지를 업로드 합니다.
- 스타일 효과에서 극사실주의를 체크합니다.
- 프롬프트에 "떠 있는 풍선, 단색 배경에 고립"을 입력한 후 생성하기를 클릭합니다.

▲ 그림 29-17 4징의 이미시 생성

04 최종 생성한 이미지 중 하나입니다. 심볼의 모양대로 풍선이 만들어진 것을 확인할 수 있습니다.

▲ 그림 29-18 최종 선택 이미지

05 이런 형태로 사용할 수 있습니다.

▲ 그림 29-19 광고에 적용한 사례

마치며

어도비 파이어플라이를 이용한 로고, 심볼에 질감 효과를 입히는 방법을 익혀 보았습니다. 예제에 나와 있듯이 생성된 결과물은 다양한 용도로 이용할 수 있으며, 특히 배너나 이벤트를 제작할 경우 키 이미지로 사용하기에 매우 유용합니다. 이제 이 책에서 다룰 수 있는 주제는 마무리가 되었습니다.

다음 장은 이 책에서 다룬 모든 인공지능 서비스의 구독을 해제하는 방법에 대해 안내하도록 하겠습니다.

30장

구독을
취소하는 방법

구독을 하는 것만큼이나 구독을 취소하는 것 또한 중요합니다. 생성형 AI 서비스는 대부분 해외에 기반을 둔 경우가 많기 때문에 구독을 취소하는 것이 다소 어려울 수 있습니다. 그래서 이 책에서 다룬 생성형 AI 서비스의 구독 취소 방법을 안내해 드리고자 합니다. 독자 여러분의 지갑에서 불필요한 금액이 나가는 것을 방지하기 위해 이번 장을 참조해 주세요.

> 따라하기

30-1 Remini 구독 취소하기

01 remini.ai으로 접속하여 "Try Remini"를 클릭 후 로그인 합니다. 그럼 다음과 같은 화면이 보입니다.

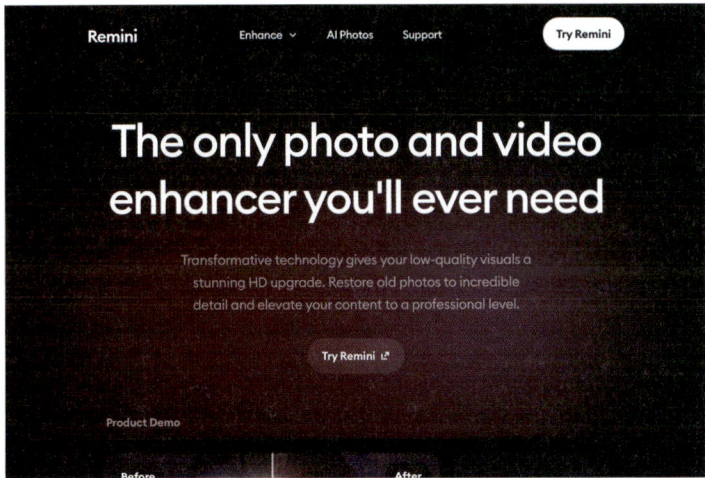

▲ 그림 30-1 로그인 이전 화면

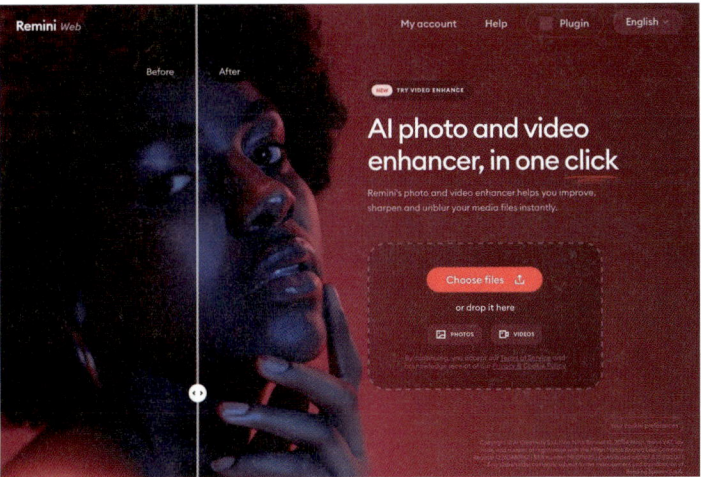

▲ 그림 30-2 로그인 이후 화면

02 이 화면에서 화면 위쪽의 "My account"를 클릭하세요.

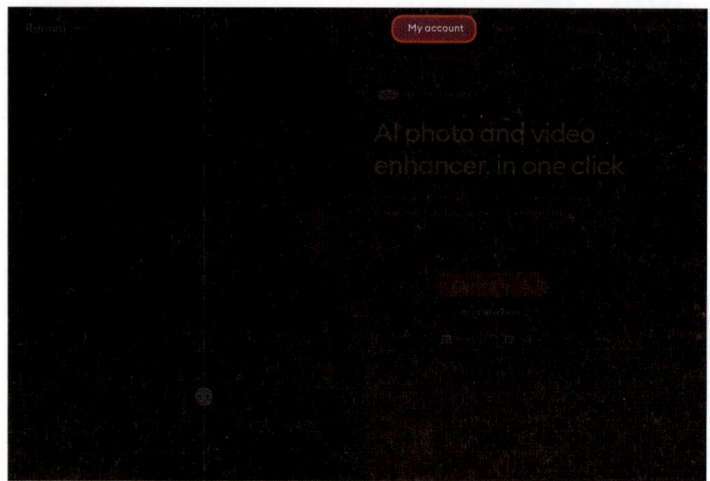

▲ 그림 30-3 "My account"의 위치

03 My Account를 클릭하면 창이 뜹니다. 이 창에서 ❶"Cancel Plan"을 클릭하세요.

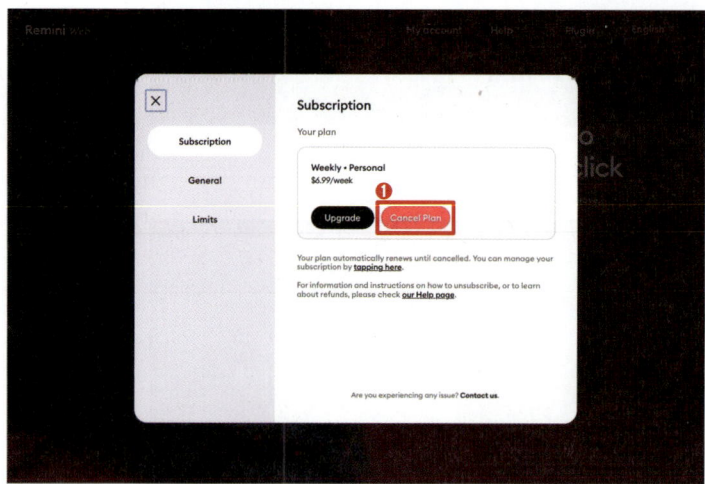

▲ 그림 30-4 "Cancel Plan"의 위치

04 우리는 취소를 해야겠죠? ❷ "Yes, cancel" 버튼을 클릭합니다.

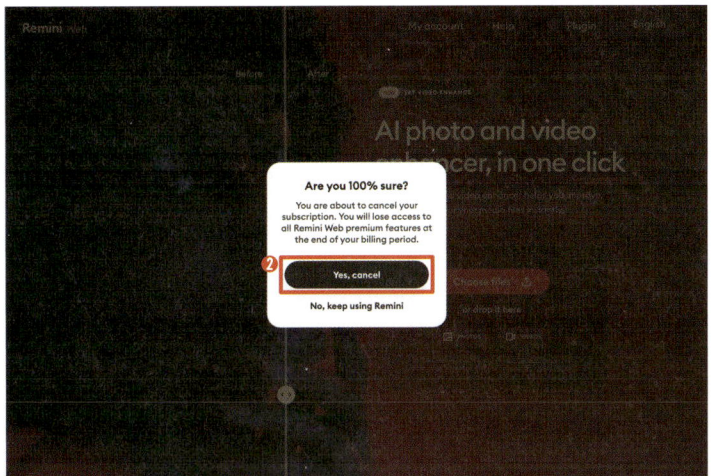

▲ 그림 30-5 "Yes, cancel" 버튼의 위치

05 취소가 완료되었습니다.

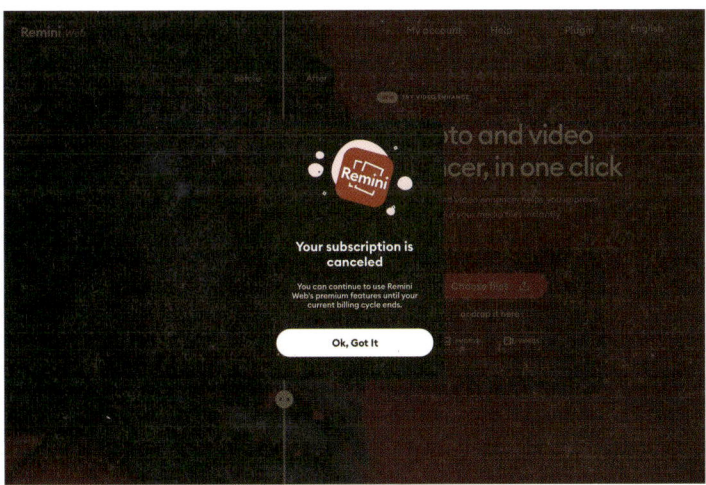

▲ 그림 30-6 구독 취소 완료 화면

따라하기

30-2 Hitpaw FotorPea 구독 취소하기

01 Hitpaw는 웹사이트에서 바로 구독 취소를 할 수 없습니다. 이메일을 통해서 구독을 취소할 수 있는데요. "support@hitpaw.kr"로 다음과 같이 메일을 작성하여 보내면 됩니다.

> account: 로그인 이메일 주소(예) abcde1234@gmail.com)
> comment: I want to cancel subscription

02 1영업일 이내에 다음과 같이 회신이 메일로 옵니다. 그럼 취소가 완료됩니다.

> Dear customer,
> Thanks for contacting us.
> Kindly note that your auto-subscription has been canceled, so there will be no renewal billings in the next month. Please don't worry, cancelling your subscription will not affect the use of the product, you can use it until the license expires.
>
> **번역**
> 고객님, 안녕하세요,
> 연락해 주셔서 감사합니다.
> 자동 구독이 취소되었으므로 다음 달에는 갱신 청구가 없습니다. 걱정하지 마세요. 구독을 취소해도 제품 사용에는 영향을 미치지 않으며 라이선스가 만료될 때까지 사용할 수 있습니다.

따라하기

30-3 Adobe 구독 취소하기

01 adobe.com으로 접속하여 로그인 합니다. 그럼 다음과 같은 화면이 보입니다.

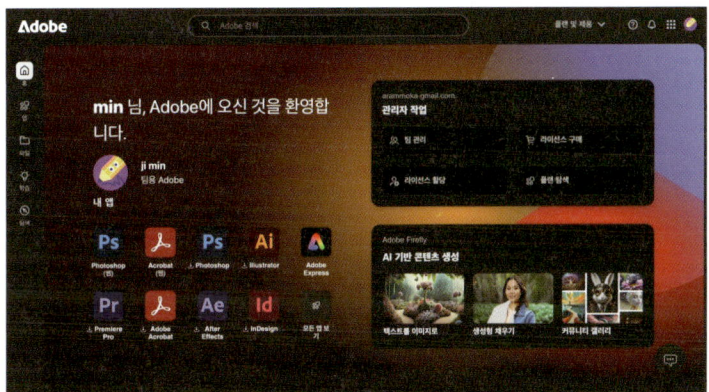

▲ 그림 30-7 adobe.com 접속 후 로그인 이후 화면

02 오른쪽 상단의 동그란 프로필 이미지를 클릭하신 후 "계정관리"를 클릭하세요.

▲ 그림 30-8 "계정관리"의 위치

<u>03</u> 계정관리를 클릭한 이후 보이는 화면입니다. 이 화면에서 "플랜 관리"를 클릭하세요.

▲그림 30-9 "플랜 관리"의 위치

<u>04</u> 플랜 관리를 클릭한 이후 창이 하나 뜨는데 이 창에서 "플랜 취소"를 클릭하세요.

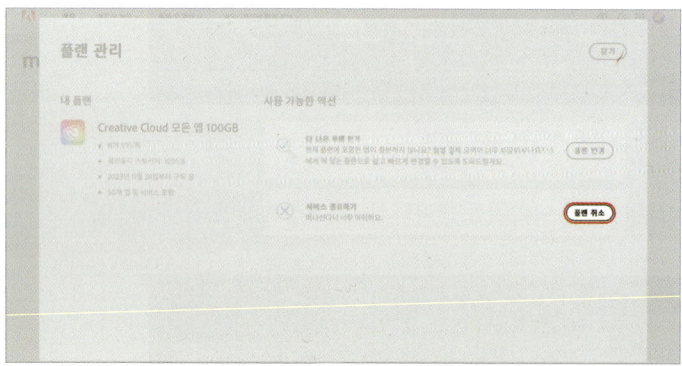

▲그림 30-10 "플랜 취소"의 위치

<u>05</u> 플랜 취소를 클릭한 이후 계정 확인을 위해 로그인 화면이 등장합니다. 한 번 더 로그인을 해 주세요.

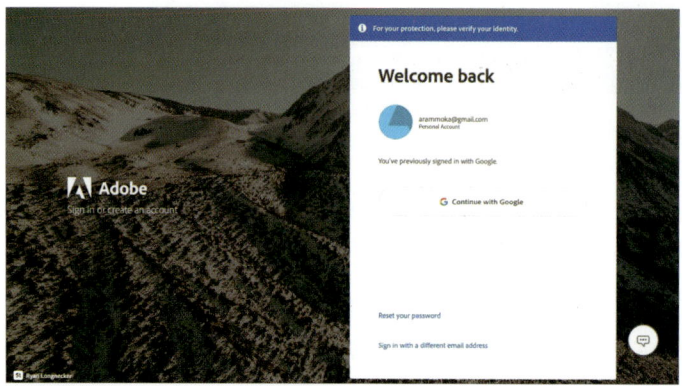

▲그림 30-11 한 번 더 로그인을 진행하는 과정

06 로그인 이후 세부 정보가 보입니다. 화면 아래 오른쪽 "계속"을 클릭해 주세요.

▲ 그림 30-12 세부 정보, 금액과 구독 마감일을 볼 수 있습니다.

여기서 잠깐 화면에 표시된 금액은 사용자에 따라 다를 수 있습니다. 연간 약정을 취소하고 조기에 종료하는 경우 월 납입금액의 "10%"가 추가로 부과됩니다. 어도비 정책에 의하면 구독 후 14일 이내에 취소할 경우 전액 환불, 1년 사용 후 갱신 기간(30일)에 취소할 경우 수수료 없이 취소할 수 있습니다. 또한 금액을 이미 지불한 경우 남은 기간만큼 사용이 가능합니다.

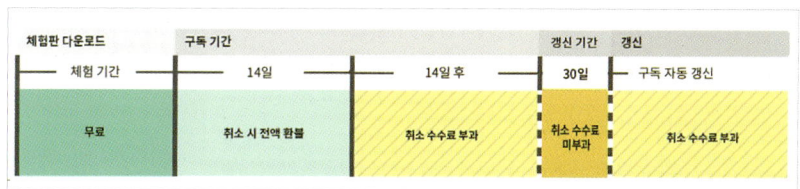

▲ 그림 30-13 어도비 구독 금액 타임라인

07 약간의 설문이 있습니다. 취소를 원하는 항목을 체크하고 "계속"을 클릭해 주세요.

▲ 그림 30-14 취소 사유 설문 과정

08 계속을 클릭한 이후 창이 뜹니다. 이 때 "아니오"을 클릭합니다.

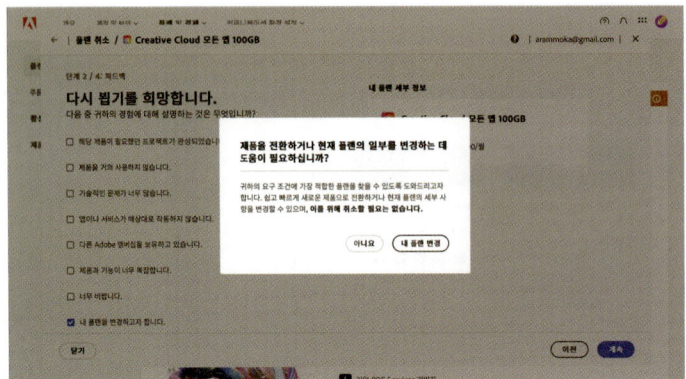

▲ 그림 30-15 "아니오"를 클릭하세요.

09 이후 화면입니다. 한 번 더 오른쪽 아래의 "아니오"를 클릭하세요.

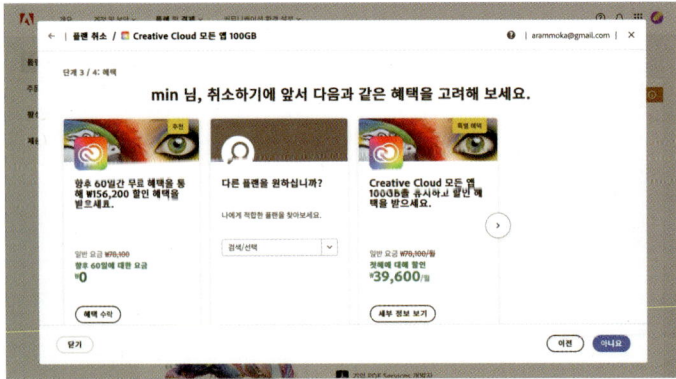

▲ 그림 30-16 "아니오"를 클릭하세요.

10 이후 화면입니다. 오른쪽 아래 "취소 확인"을 클릭하세요.

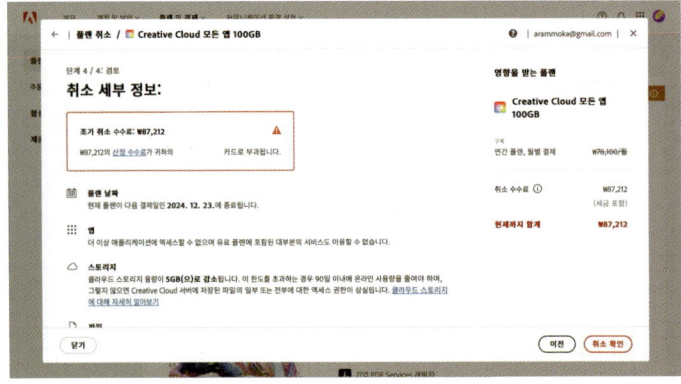

▲ 그림 30-17 "취소 확인"을 클릭하세요.

11 구독 취소가 완료되었습니다.

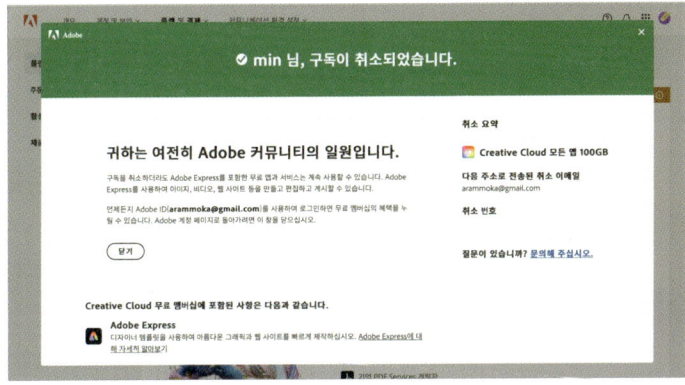

▲ 그림 30-18 구독 취소 완료 화면

> 따라하기

30-4 Flair AI 구독 취소하기

01 flair.ai로 접속하여 로그인 합니다. 그럼 다음과 같은 화면이 보입니다. 화면 오른쪽 위 부분의 동그란 부분(프로필)을 클릭한 후 ❶ "Manage Subscription"을 클릭하세요.

▲ 그림 30-19 "Manage Subocription"의 위치

02 이후 창이 뜹니다. 이 창에서 본인이 해당되는 플랜 아래쪽에 "Unsubscribe"이라는 문구가 보입니다. 클릭해 주세요.

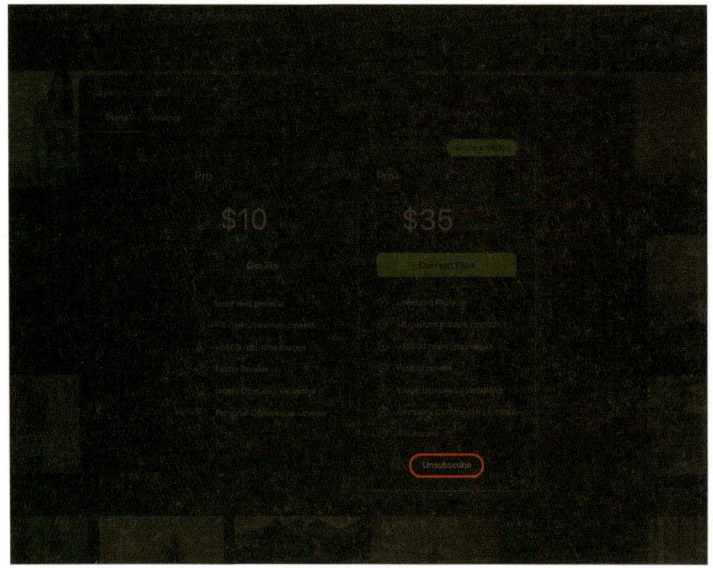

▲ 그림 30-20 "Unsubscribe"의 위치

03 왜 취소하는지 묻는 과정입니다. 어떤 것을 선택해도 무관합니다. 클릭하여 선택을 하고 기다리시면 다음 단계로 이동합니다.

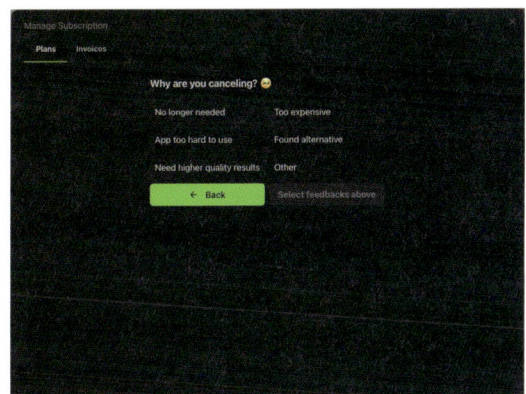

▲그림 30-21 구독 취소 이유 설문

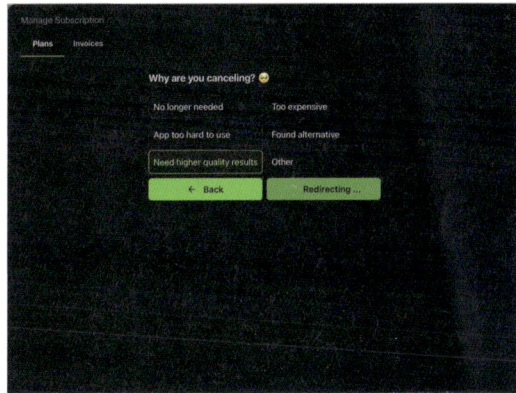

▲그림 30-22 취소 항목 선택 후

04 다음과 같은 화면으로 바뀌면서 구독 취소가 완료된 것을 확인할 수 있습니다.

▲그림 30-23 취소 완료 화면

> 따라하기

30-5 Runway ML 구독 취소하기

01 runwayml.com에 접속한 후 로그인을 해 주세요. 로그인 후 화면 오른쪽 윗부분의 프로필 사진을 클릭한 후 "Manage your plan"을 클릭해 주세요.

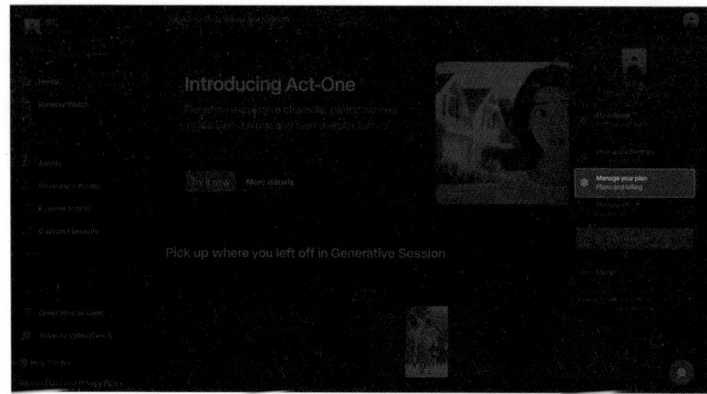

▲ 그림 30-24 "Manage your plan"의 위치

02 이후 페이지에서 "Cancel plan"을 클릭하세요.

▲ 그림 30-25 "Cancel plan"의 위치

03 구독 취소 이유를 묻는 창이 뜹니다. 적당이 아무거나 클릭해 주세요.

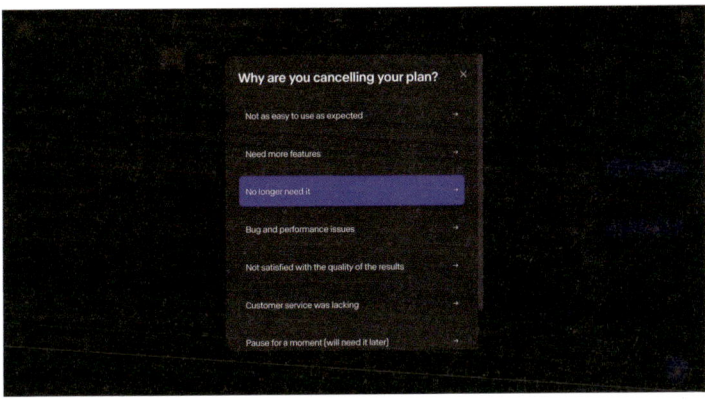
▲ 그림 30-26 구독 취소 이유를 묻는 창

04 이후 화면입니다. 아무것도 입력하지 않고 "Continue to cancel plan"을 클릭해 주세요.

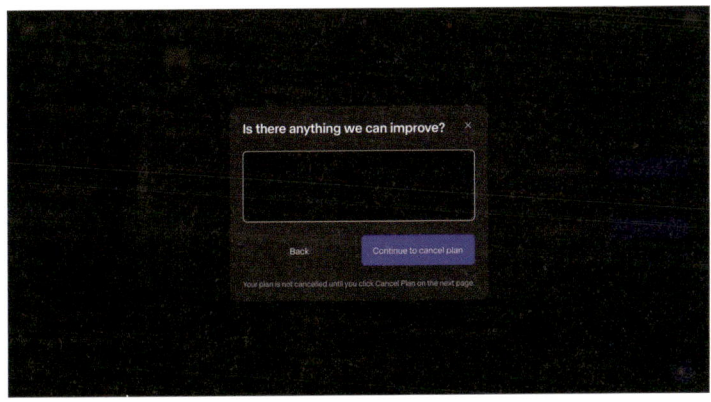
▲ 그림 30-27 "Continue to cancel plan"의 위치(파란 버튼)

05 다음과 같은 화면으로 바뀌면서 구독 취소가 완료된 것을 확인할 수 있습니다. 화면에 표기된 금액은 플랜에 따라 다릅니다.

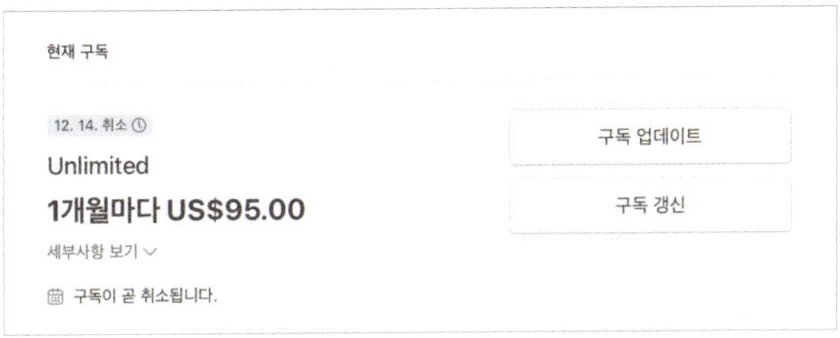

▲ 그림 30-28 취소 완료 화면

구독을 취소하는 방법 / 443

따라하기

30-6 Vmake 구독 취소하기

01 Vmake는 웹사이트에서 바로 구독 취소를 할 수 없습니다. 이메일을 통해서 구독을 취소할 수 있는데요. "support@vmake.ai"로 다음과 같이 메일을 작성하여 보내면 됩니다.

> account: 로그인 이메일 주소(예) abcde1234@gmail.com)
> comment: I want to cancel subscription

02 1영업일 이내에 다음과 같이 회신이 메일로 옵니다. 그럼 취소가 완료됩니다.

> Hi there,
> Please use this link to manage your subscription.
> Could you please let us know why you decided to cancel?
> It was great having you. Thanks for choosing our service!
>
> Vmake AI support.
>
> **번역**
> 안녕하세요.
> 구독을 관리하려면 이 링크를 사용하세요.
> 취소하기로 결정한 이유를 알려주실 수 있나요?
> 네가 있어서 좋았어. 저희 서비스를 선택해 주셔서 감사합니다!
>
> Vmake AI 지원.

03 위에서 제공하는 링크를 따라 이동하면 이메일을 입력하는 화면이 나타납니다. 이메일을 입력하신 후 전송하기를 클릭하면 "고객 포털 로그인 링크"라는 제목의 이메일을 수신하게 됩니다. 메일을 열고 "고객 포털에 로그인"을 클릭하세요.

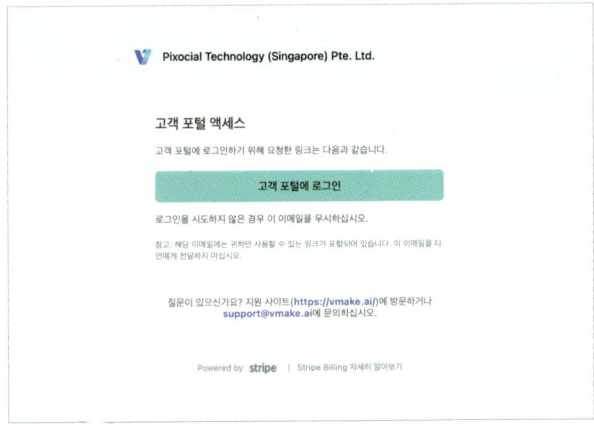

▲ 그림 30-29 고객 포털 로그인 링크를 제공하는 이메일

04 다음과 같은 화면으로 바뀌면서 구독 취소가 완료된 것을 확인할 수 있습니다.

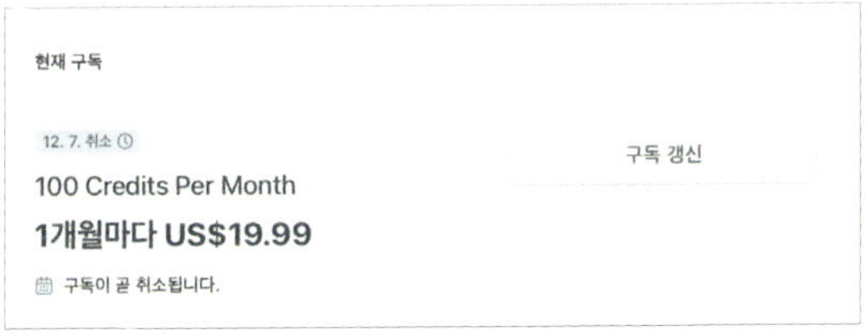

▲ 그림 30-30 취소 완료 화면

마치며

이번 장은 이 책에 소개된 7개의 생성형 AI 중 6개의 구독 취소 방법에 대해 알아보았습니다. 언급하지 않은 Deepswapper는 무료로 사용을 권장하므로 안내에서는 제외하였습니다. 구독은 1개월 단위로 이루어지므로 구독 마감일을 꼭 달력에 체크하고, 연장을 원하지 않는 경우 구독 마감일 전에 꼭 취소하길 바랍니다.

에필로그

제품 연출 사진을 찍을 경우 AI가 필요합니다.

사진 편집을 할 경우 AI가 필요합니다.

영상을 만들 경우 AI가 필요합니다.

광고를 만들 경우 AI가 필요합니다.

옷을 판매할 경우 AI가 필요합니다.

프로모션을 진행할 경우 AI가 필요합니다.

최고의 전문가는 지금 이 부분을 읽은 당신입니다.

03 "바꾸기"를 통해 만들어진 최종 이미지입니다. 두개의 이미지는 약간의 각도가 차이가 나고, 헤어스타일 또한 차이가 나지만 무난하게 이질감 없이 생성되었습니다.

▲ 그림 19-3 그림 19-1에 그림 19-2의 얼굴이 반영된 이미지

04 반대로 적용해 보면 어떨까요? 역시 큰 이질감 없이 자연스럽게 생성됨을 확인할 수 있습니다 (그림 19-4 참조).

▲ 그림 19-4 그림 19-2에 그림 19-1의 얼굴이 반영된 이미지

19-2 눈을 감았을 경우

01 먼저 눈을 뜨고 있는 모델 이미지를 업로드합니다.

▲그림 19-5 모델 업로드 이미지

02 바꾸고자 하는 얼굴의 이미지를 업로드합니다. 이때 눈을 감은 모델을 사용해 보도록 하겠습니다.

▲그림 19-6 바꾸고자 하는 얼굴이 담긴 이미지

03 "바꾸기"를 통해 만들어진 최종 이미지입니다. 이때 원본 이미지가 눈을 뜨고 있으므로 눈을 뜬 상태로 적용되는 것을 확인할 수 있습니다.

▲ 그림 19-7 그림 19-5에 그림 19-6의 얼굴이 반영된 이미지, 눈을 뜨고 있음을 확인

04 반대로 적용해 보면 어떨까요? 공식대로라면 눈을 감은 상태로 적용되어야 하는데요. 의아하게도 눈을 뜬 상태의 이미지가 생성되었습니다.

▲ 그림 19-8 그림 19-6에 그림 19-5의 얼굴이 반영된 이미지, 눈을 뜨고 있음을 확인

> **여기서 잠깐**
> 눈을 뜨거나 감은 이미지를 100% 의도적으로 생성되기는 어려우며, 눈을 뜬 상태로 생성하고자 하는 패턴을 보입니다. 눈을 감은 원본에 눈을 감은 이미지를 참조해도 같은 결과가 나왔으며, 결론은 가능하다면 눈을 뜬 이미지 위주로 생성하는 것을 추천합니다.

> 따라하기

19-3 안경을 착용한 경우

01 먼저 모델 이미지를 업로드합니다.

▲그림 19-9 모델 업로드 이미지

02 바꾸고자 하는 얼굴의 이미지를 업로드합니다. 이때 선글라스를 착용한 모델 이미지를 사용해 보도록 하겠습니다.

▲그림 19-10 바꾸고자 하는 얼굴이 담긴 이미지

03 "바꾸기"를 통해 만들어진 최종 이미지입니다. 이때 원본 이미지에 선글라스가 없으므로 선글라스가 없는 상태로 적용되는 것을 확인할 수 있습니다. 이때 눈썹, 눈동자, 눈매 등은 자동으로 생성됩니다.

▲ 그림 19-11 그림 19-8에 그림 19-9의 얼굴이 반영된 이미지, 눈 주변이 자동으로 생성

04 반대로 적용해 보면 어떨까요? 이 경우는 선글라스는 유지한 상태로 바뀐 얼굴이 적용되는 것을 확인할 수 있습니다.

▲ 그림 19-12 그림 19-9에서 미묘하게 바뀐 얼굴이 적용된 것을 확인할 수 있음

> **여기서 잠깐** 선글라스의 경우는 얼굴에서 차지하는 면적이 크기 때문에 그대로 보존되는 경향을 보였습니다. 일정 크기 이상의 액세서리는 제거되지 않고 유지됨을 확인할 수 있습니다.

따라하기

19-4 수염이 있을 경우

01 먼저 수염이 있는 모델 이미지를 업로드합니다.

▲ 그림 19-13 모델 업로드 이미지

02 바꾸고자 하는 얼굴의 이미지를 업로드합니다. 이때 수염이 없는 모델 이미지를 사용해 보도록 하겠습니다.

▲ 그림 19-14 바꾸고자 하는 얼굴이 담긴 이미지, 수염이 없음을 확인

03 "바꾸기"를 통해 만들어진 최종 이미지입니다. 원본 이미지에 있는 수염이 어느 정도 존재한 채 생성되는 것을 확인할 수 있습니다.

▲ 그림 19-15 수염이 남아 있는 생성 이미지

04 반대로 적용해 보면 어떨까요? 반대로 해도 수염이 존재합니다.

▲ 그림 19-16 수염이 있는 채로 생성된 이미지

 수염 또한 차지하는 면적이 크기 때문에 그대로 보존되는 경향을 보였습니다.

> 따라하기

19-5 얼굴 바꾸기가 구현되지 않는 경우

01 얼굴에 그림자가 있는 경우는 피해주세요. 아직은 매끄럽게 생성이 되지 않습니다.

▲ 그림 19-17 얼굴에 그림자가 드리운 이미지

02 헤어스타일이 복잡하거나, 얼굴을 많이 가린 이미지 또한 아직은 결과물이 매끄럽게 생성되지 않습니다.

▲ 그림 19-18 헤어스타일이 복잡하고 얼굴을 많이 가린 이미지

03 완전한 옆 각도 또한 피해주세요. 아직은 결과물이 매끄럽게 생성되지 않습니다.

▲ 그림 19-19 완전한 옆 각도의 이미지

04 고개를 아래로 숙인 이미지 또한 아직은 결과물이 매끄럽게 생성되지 않습니다.

▲ 그림 19-20 고개를 숙인 이미지

05 손 또는 다른 요소로 인해 얼굴이 많이 가려진 이미지도 아직은 결과물이 매끄럽게 생성되지 않습니다.

▲그림 19-21 손으로 얼굴을 가린 이미지

마치며

몇개의 예제를 통해 Deepswapper의 활용법에 대해 조금 더 자세히 알아보았습니다. 무료 툴이므로 퍼포먼스가 매우 뛰어나다고 볼 수는 없지만 정면을 보는 형태의 이미지로 사용하는 것은 전혀 무리가 없어 보입니다. 평소 얼굴이 포함된 무료 이미지를 그냥 지나치지 말고 꼭 저장을 해 두세요. 그리고 이 툴을 사용하여 응용해 보길 바랍니다.

20장

이미지만 있으면 영상을 만들어 주는 AI

숏폼과 영상 콘텐츠가 넘쳐나는 시대입니다. 움직이지 않는 이미지만으로는 시장에서 홍보하는 것이 어려워지고 있고, 이런 흐름은 계속 이어질 거라 봅니다. 하지만 영상을 만들기 위해서는 많은 노력이 필요하죠. 인공지능이 발달함에 따라 사진으로 영상을 만들 수 있는 시대가 열렸습니다. 총 5개 장에 걸쳐 다양한 사례를 통해 영상 제작 방법을 익혀보는 시간을 갖도록 하겠습니다.

이번 장을 익히면 얻는 것

휴대폰으로 QR 코드가 안내하는 링크를 따라가 보세요

유듀브에서 **지성민의 생성형AI**를 검색해 주세요. 구독을 하실 경우 더 편하게 예제를 볼 수 있습니다.

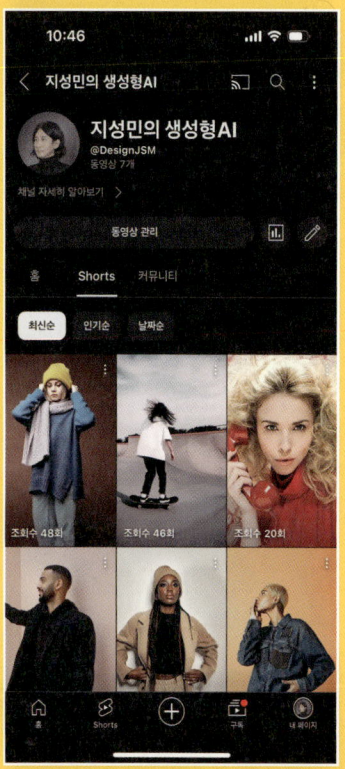

Warming Up

Runway ML 소개

동영상 제작을 위해 사용할 생성형 AI는 런웨이입니다. 런웨이는 기본적으로 무료버전을 사용할 수 있지만 무료버전은 워터마크를 제거할 수 없고 추후 설명할 고급 기능 또한 사용할 수 없습니다. 월 15달러, 35달러, 95달러의 요금제를 운영하고 있으며 15달러의 스탠다드 요금으로 우선 사용해 본 후 필요성을 느낀다면 요금제를 업그레이드 하는 것을 추천합니다.

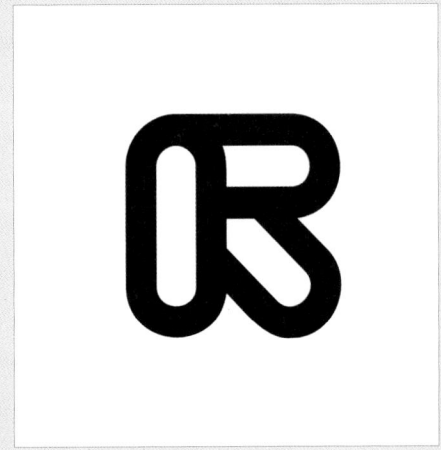

▲그림 20-1 런웨이의 로고

런웨이로 바로 이동하려면?
https://runwayml.com

> 따라하기

20-1 이미지 두 장으로 10초짜리 영상 만들기 기초

01 먼저 회원가입부터 하겠습니다. 메인 화면 위의 오른쪽 ❶"Get Started"를 클릭합니다.

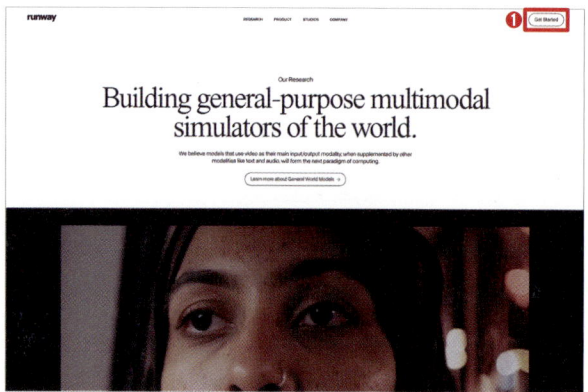

▲그림 20-2 런웨이의 메인 화면, 상단이 오른쪽에 위치한 버튼

02 로그인 화면이 보입니다. 구글과 연동해서 로그인을 하면 가장 편리합니다. 구글 계정이 존재한다는 가정하에 ❷"Log in with Google"을 클릭합니다.

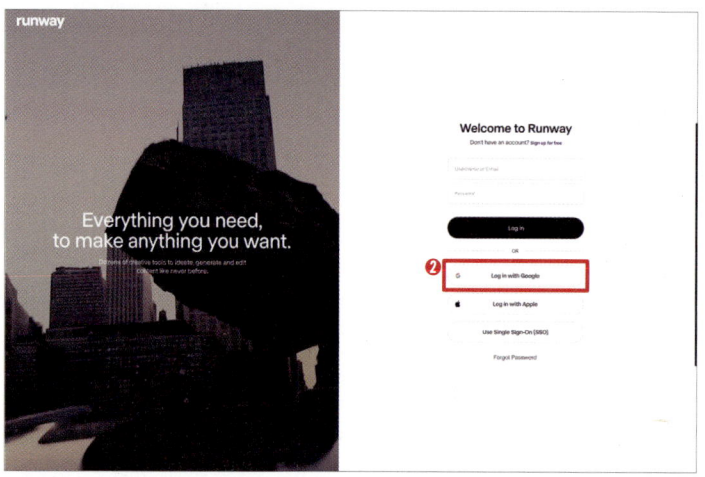

▲그림 20-3 런웨이의 로그인 화면, 구글 계정과 연동하여 로그인 해 주세요.

03 로그인 후 화면입니다. 이번에 익힐 부분은 런웨이에서 가장 안정적인 퍼포먼스를 보이는 엔진인 "Gen-3 Alpha Turbo"를 사용할 예정입니다. 화면에서 보이는 파란색 버튼 ❸"Get Started"를 클릭해 주세요.

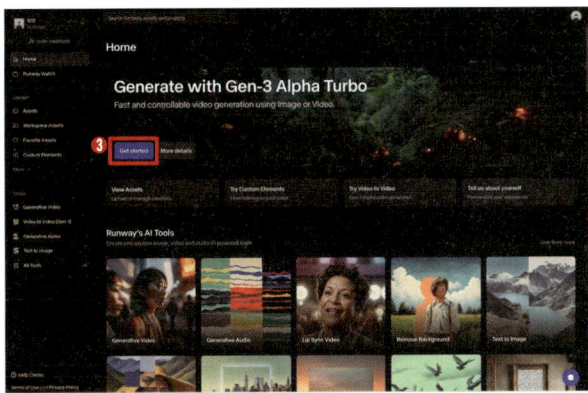

▲ 그림 20-4 "Gen-3 Alpha Turbo"의 파란색 버튼이 보이는 런웨이의 로그인 후 화면

04 "Get Started"를 클릭한 이후 화면입니다. 이때, 화면 위의 왼쪽에 ❹"Gen-3 Alpha Turbo"로 되어 있는지 꼭 확인해 주세요. 만약 다르게 보인다면 화살표를 클릭하여 조정해 주세요(그림 20-6 참조).

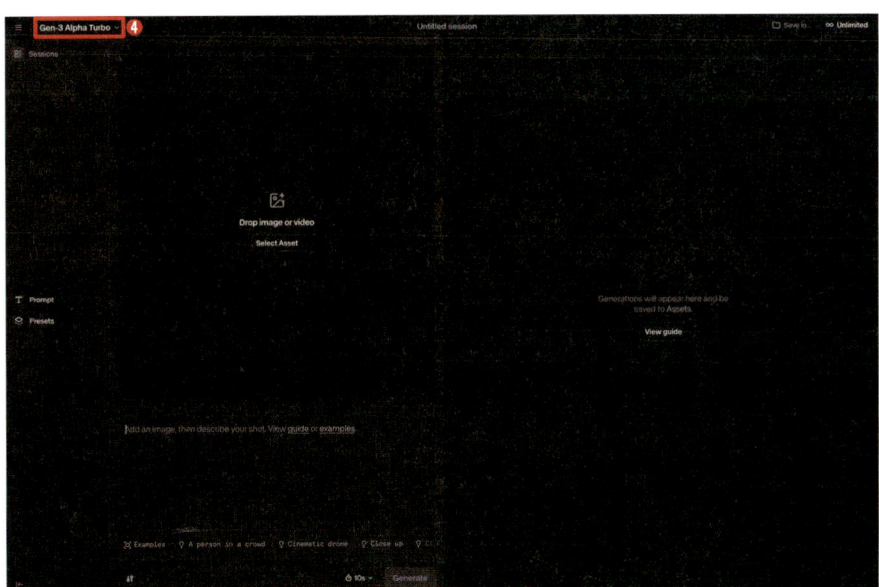

▲ 그림 20-5 "Get Started" 클릭 이후 화면

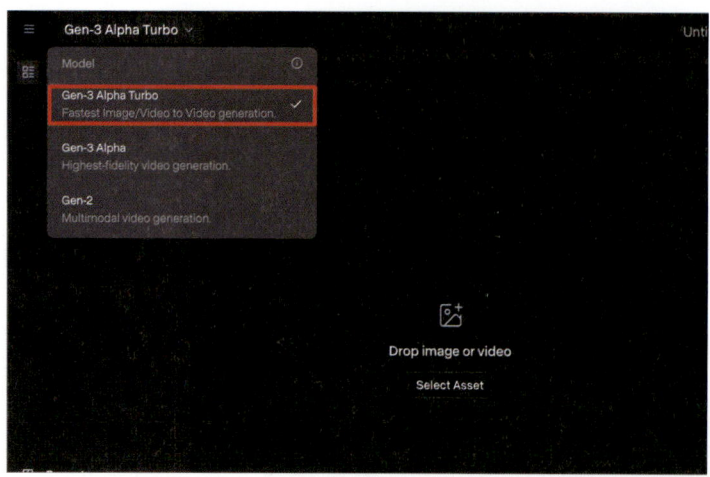

▲ 그림 20-6 엔진을 선택할 수 있습니다.

05 이제 본격적으로 예제를 진행해 보겠습니다. 처음으로 해 볼 예제는 이미지 두 장을 사용하여 영상을 만드는 기능이며 프롬프트의 도움 없이 제작할 수 있는 장점이 있습니다. 원리는 간단합니다. 영상의 시작에 사용할 이미지 한 장, 영상의 마지막에 사용할 이미지 한 장, 이렇게 두 장을 업로드하면 자동으로 10초짜리 영상이 생성되는 원리입니다. 먼저 시작에 사용할 이미지를 업로드 해 보셨습니다. 이미지는 다음과 같습니다.

▲ 그림 20-7 영상의 시작에 사용할 첫번째 이미지

06 이제 업로드를 해보겠습니다. 화면에서 "Drop image or video"를 클릭하여 이미지를 업로드합니다.

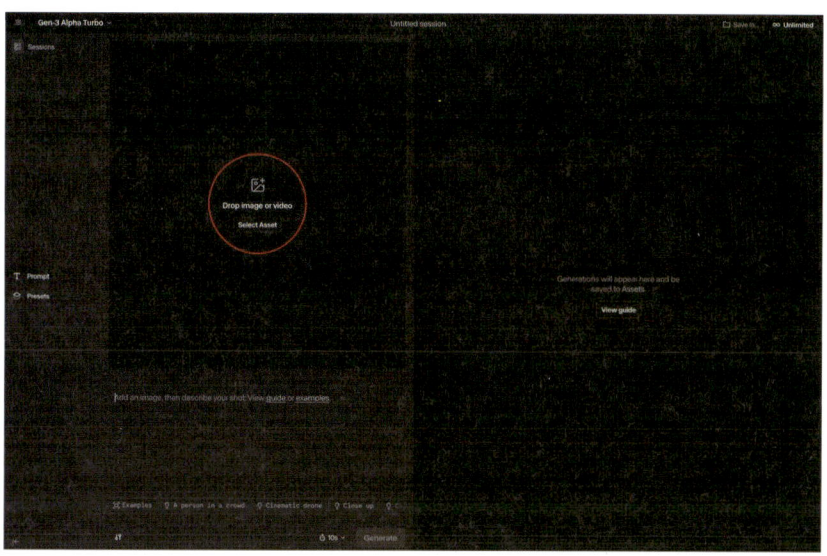

▲ 그림 20-8 "Drop image or video"의 위치

07 업로드가 완료되면 "First"가 활성화되고, 업로드 이미지가 보입니다.

▲ 그림 20-9 첫번째 이미지가 업로드 된 것을 확인

08 ❶ "Last"를 클릭하고 같은 방법으로 업로드 하겠습니다. 마지막 장면에 사용할 이미지입니다.

▲ 그림 20-10 마지막 장면에 사용할 이미지

09 다음과 같이 업로드가 된 것을 확인할 수 있습니다.

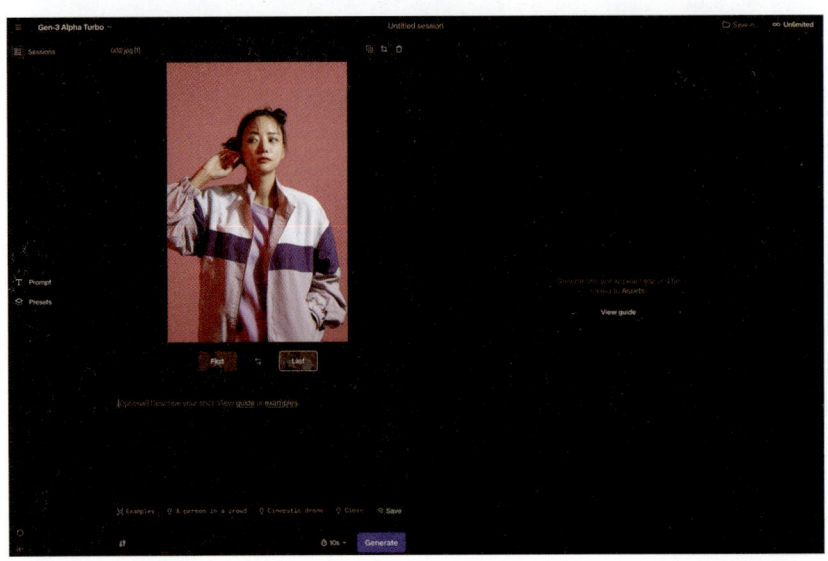

▲ 그림 20-11 두번째 이미지가 업로드 된 것을 확인

10 이후 영상에 워터마크를 없애기 위한 과정이 필요합니다. 먼저 화면 아래에 ❷"Settings"를 클릭합니다.

▲ 그림 20-12 "Settings"의 위치

11 화면에서 보이는 옵션 중에 "Runway watermark"의 오른쪽에 체크박스가 있습니다. 이 체크박스의 체크를 풀어줍니다. 이렇게 하면 영상에서 워터마크가 보이지 않게 됩니다.

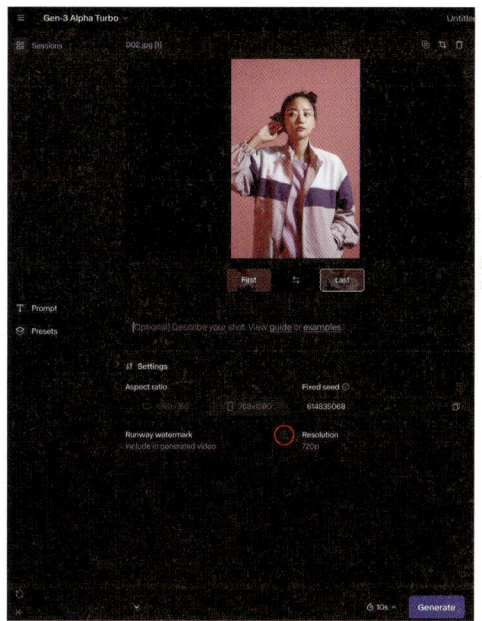

▲ 그림 20-13 체크박스의 위치

12 이제 마지막 단계입니다. 10s(영상의 플레이 시간) 옆에 위치한 파란색 버튼 ❸ "Generate"를 클릭하면 영상 제작이 시작됩니다. 화면의 오른쪽을 보시면 영상이 제작되는 게이지가 퍼센트로 표시되며 100% 진행이 되면 영상 제작이 완료됩니다.

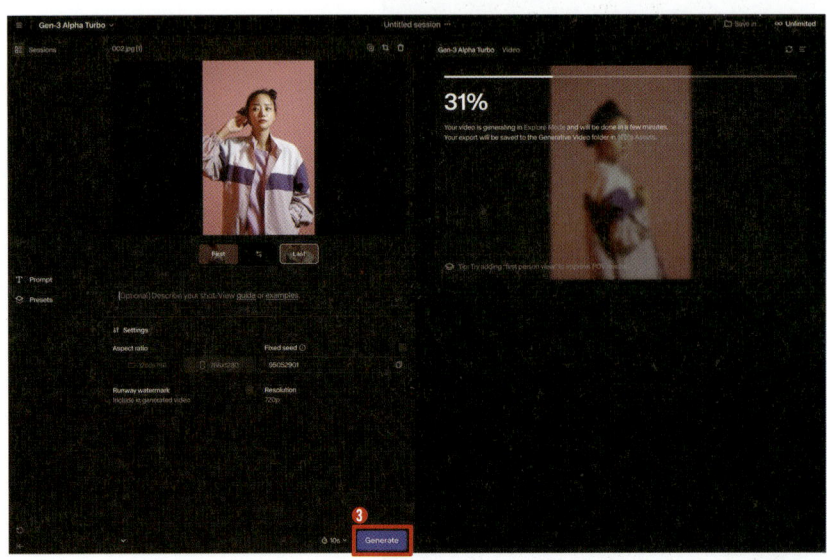

▲ 그림 20-14 영상 제작 게이지가 표시되는 화면

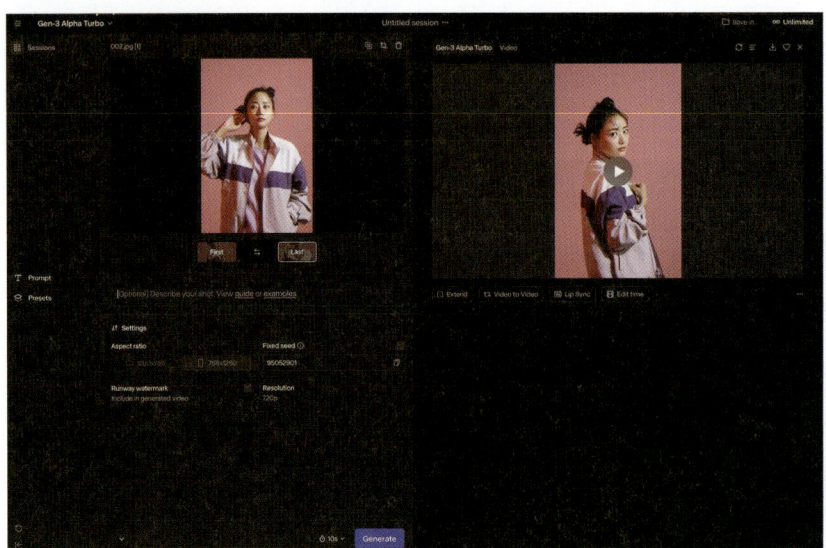

▲ 그림 20-15 영상 제작이 완료된 화면

13 제작이 완료된 영상을 재생 버튼을 클릭하여 확인할 수 있습니다. 영상이 마음에 든다면 다운로드 버튼을 통해 다운로드하면 됩니다.

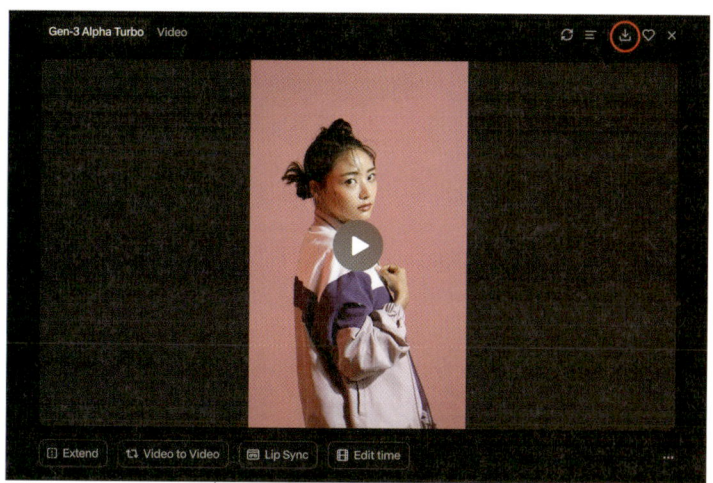

▲ 그림 20-16 다운로드 버튼의 위치(빨간 원)

14 생성된 영상을 확인해 봐야겠죠? 결과물을 눈으로 확인할 수 있도록 유튜브에 영상을 업로드하였습니다. 유튜브에서 "지성민의 생성형AI"로 검색해 주세요. 그리고 채널로 이동 후 "Shorts" 탭을 클릭하면 영상을 볼 수 있습니다(런웨이 GEN3 예제 01/이미지 두 장 연결하기).

15 유튜브에서 검색 없이 채널로 바로 가는 URL은 다음과 같습니다.
- https://www.youtube.com/@DesignJSM/shorts

16 영상을 바로 확인할 수 있는 QR코드입니다.

마치며

런웨이의 최신 엔진 GEN-3 Alpha Turbo를 사용하여 이미지 두 장으로 10초짜리 영상을 만드는 법을 익혔습니다. 여러분이 갖고 있 유사한 사진 두 장으로 연습해 보기 바랍니다. 모델의 앞모습과 옆모습 이미지가 있다면 주저하지 말고 시도해 보세요. 이후 몇 개의 장을 통해 더 다양한 제작 방법과 사례를 소개하도록 하겠습니다.

21장

이미지 두 장으로 다양한 영상 만들기

앞 장에서 런웨이 GEN-3 Alpha Turbo의 기능 중 이미지 두 장을 이용하여 영상을 만드는 과정을 익혔습니다. 이번 장은 그 방법을 그대로 사용하여 만든 더 다양한 예제를 볼 수 있습니다. 예제 영상을 볼 수 있는 방법은 QR 코드를 통해 모바일로 확인할 수 있습니다.

이번 장을 익히면 얻는 것

휴대폰으로 QR코드가 안내하는 링크를 따라가 보세요.
유튜브에서 **지성민의 생성형AI**를 검색해 주세요. 구독을 하실 경우 더 편하게 예제를 볼 수 있습니다.

Warming Up

Runway ML 활용, 첫 번째

앞 장에서 다룬 런웨이를 사용한 영상 제작법을 총 5개 장에 걸쳐 진행하고 있습니다. 이번 장은 두 번째 이야기입니다.

런웨이로 바로 이동하려면?
https://runwayml.com

> 따라하기

21-1 데님 상하의를 입은 여성 영상 만들기

01 과정은 앞 장과 동일합니다. 이미지 2장을 업로드하고, Generate(생성하기)를 클릭하면 끝입니다. 아직 익숙지 않다면 앞 장을 다시 익혀보세요. 먼저 시작 이미지입니다.

▲그림 21-1 영상의 시작 부분으로 사용할 이미지

02 영상의 끝 부분에 사용할 이미지도 업로드합니다.

▲그림 21-2 영상의 끝 부분으로 사용할 이미지

03 최종 생성된 영상입니다. QR 코드를 통해 확인해 주세요. 이 영상의 결과물은 모두 다릅니다. 이 결과물보다 뛰어날 수도 부족할 수도 있습니다. 마음에 드는 영상이 생성될 때까지 3~4차례의 시도가 필요합니다.

▲ 그림 21-3 영상의 제목 - 런웨이 GEN3 예제 02

> 따라하기

21-2 모델의 앞모습을 옆으로 90도 회전하는 영상 만들기

01 앞모습을 시작 이미지로, 90도 회전한 옆모습을 끝 이미지로 적용한 예제입니다. 이미지 두 장을 업로드하겠습니다.

▲그림 21-4 영상의 시작 부분으로 사용할 이미지(좌)와 끝 부분으로 사용할 이미지(우)

02 최종 생성된 영상입니다. QR 코드를 통해 확인해 주세요. 이 영상의 결과물은 모두 다릅니다. 이 결과물보다 뛰어날 수도 부족할 수도 있습니다. 마음에 드는 영상이 생성될 때까지 3~4차례의 시도가 필요합니다.

▲그림 21-5 영상의 제목 – 런웨이 GEN3 예제 03

| 따라하기 |

21-3 남성 모델 사진으로 벽을 짚는 자세의 영상으로 만들기

01 벽을 짚기 전 모습을 시작 이미지로, 벽을 짚은 모습을 끝 이미지로 적용한 예제입니다. 이미지 두 장을 업로드하 겠습니다.

▲그림 21-6 영상의 시작 부분으로 사용할 이미지(좌)와 끝 부분으로 사용할 이미지(우)

02 최종 생성된 영상입니다. QR 코드를 통해 확인해 주세요.

▲그림 21-7 영상의 제목 – 런웨이 GEN3 예제 04

이미지 두 장으로 다양한 영상 만들기 / 299

따라하기

21-4 여성 모델의 카메라 줌 아웃 영상 만들기

01 여성 모델의 클로즈업을 시작 이미지로, 전신이 전부 보이는 모습을 끝 이미지로 적용한 예제입니다. 이미지 두 장을 업로드하겠습니다.

▲그림 21-8 영상의 시작 부분으로 사용할 이미지(좌)와 끝 부분으로 사용할 이미지(우)

02 최종 생성된 영상입니다. QR 코드를 통해 확인해 주세요.

▲그림 21-9 영상의 제목 – 런웨이 GEN3 예제 05

> 따라하기

21-5 스케이트 보드 모델의 역동적인 움직임 구현하기

01 스케이트 보드를 탄 모델의 출발 전 모습을 시작 이미지로, 코스를 내려온 모습을 끝 이미지로 적용한 예제입니다. 이미지 두 장을 업로드하겠습니다.

▲그림 21-10 영상의 시작 부분으로 사용할 이미지(좌)와 끝 부분으로 사용할 이미지(우)

02 최종 생성된 영상입니다. QR 코드를 통해 확인해 주세요.

▲그림 21-11 영상의 제목 - 런웨이 GEN3 예제 06

> 따라하기

21-6 키즈 모델의 상반신을 시작으로 전신을 부각하는 영상 만들기

01 어린이 모델의 상반신을 시작 이미지로, 전신이 전부 보이는 모습을 끝 이미지로 적용한 예제입니다. 이미지 두 장을 업로드하겠습니다.

▲그림 21-12 영상의 시작 부분으로 사용할 이미지(좌)와 끝 부분으로 사용할 이미지(우)

02 최종 생성된 영상입니다. QR 코드를 통해 확인해 주세요.

▲그림 21-13 영상의 제목 - 런웨이 GEN3 예제 07

마치며

앞 장과 동일하게 런웨이의 최신 엔진 GEN-3 Alpha Turbo를 사용하여 이미지 두 장으로 영상을 만드는 법을 다양하게 살펴보았습니다. 이제 이미지 두 장만 있으면 영상으로 만들고 싶은 마음이 새록새록 돋아나기를 바랍니다.

다음 장은 여러 가지 예제를 통해 이미지 두 장이 아닌 한 장만으로 영상을 만들어 보도록 하겠습니다.

22장

이미지 한 장으로
영상을 만들기

앞 장에서 런웨이 GEN-3 Alpha Turbo의 기능 중 이미지 두 장을 이용하여 영상을 만드는 예제를 보았습니다. 그러나 쇼핑몰을 홍보하기 위해 사진을 찾다 보니 두 장이 존재하기 어려울 상황도 빈번하리라 생각이 되어 준비했습니다. 오직 이미지 한 장을 이용해 영상을 생성해 보도록 하겠습니다. 예제 영상을 볼 수 있는 방법은 QR 코드를 통해 모바일로 확인할 수 있습니다. 더 쉽고 빠르게 예제들을 미리보기를 원할 경우 유튜브에서 "지성민의 생성형AI"를 검색해 주세요. 구독을 할 경우 더 편하게 예제를 볼 수 있습니다.

이번 장을 익히면 얻는 것

휴대폰으로 QR코드가 안내하는 링크를 따라가 보세요.

Warming Up

Runway ML 활용, 두 번째

앞 장에서 다룬 런웨이를 사용한 영상 제작법을 총 5개 장에 걸쳐 진행할 예정입니다. 이번 장은 세 번째 이야기입니다.

런웨이로 바로 이동하려면?
https://runwayml.com

따라하기

22-1 패딩을 입은 여성

01 과정은 앞 장과 동일합니다. 그러나 차이점이 있습니다. 이미지 두 장이 아닌 한 장만 업로드하면 됩니다. 먼저 시작 이미지입니다.

▲그림 22-1 영상의 시작 부분으로 사용할 이미지

02 다음과 같이 "First"에 업로드하면 됩니다.

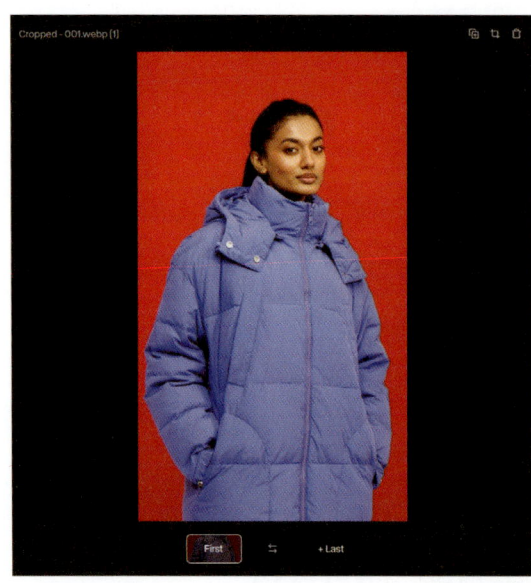

▲그림 22-2 "First"의 영역에만 업로드 하세요, "Last"를 채우지 않아도 됩니다.

03 최종 생성된 영상입니다. QR 코드를 통해 확인해 주세요. 이 영상의 결과물은 모두 다릅니다. 이 결과물보다 뛰어날 수도 부족할 수도 있습니다. 마음에 드는 영상이 생성될 때까지 3~4차례의 시도가 필요합니다.

▲ 그림 22-3 영상의 제목 - 런웨이 GEN3 예제 08

22-2 전신의 움직임 구현

01 먼저 시작 이미지입니다.

▲그림 22-4 영상의 시작 부분으로 사용할 이미지

02 최종 생성된 영상입니다. QR 코드를 통해 확인해 주세요.

▲그림 22-5 영상의 제목 - 런웨이 GEN3 예제 09

> 따라하기

22-3 앉은 자세의 모델

01 먼저 시작 이미지입니다.

▲그림 22-6 영상의 시작 부분으로 사용할 이미지

02 최종 생성된 영상입니다. QR 코드를 통해 확인해 주세요.

▲그림 22-7 영상의 제목 – 런웨이 GEN3 예제 10

따라하기

22-4 에코백의 움직임

01 먼저 시작 이미지입니다. 사람보다는 사물에 포커스를 맞추었습니다.

▲그림 22-8 영상의 시작 부분으로 사용할 이미지

02 최종 생성된 영상입니다. QR 코드를 통해 확인해 주세요.

▲그림 22-9 영상의 제목 – 런웨이 GEN3 예제 11

310 / 22장

> 따라하기

22-5 클로즈업 상태의 토트백

01 먼저 시작 이미지입니다. 이번에는 미니백을 위쪽으로 든 형태입니다.

▲그림 22-10 영상의 시작 부분으로 사용할 이미지

02 최종 생성된 영상입니다. QR 코드를 통해 확인해 주세요.

▲그림 22-11 영상의 제목 – 런웨이 GEN3 예제 12

> 따라하기

22-6 모델 뒤로 지나가는 자동차

01 먼저 시작 이미지입니다. 여성이 거리에 서서 뒤쪽을 바라보고 있습니다.

▲그림 22-12 영상의 시작 부분으로 사용될 이미지

02 최종 생성된 영상입니다. QR 코드를 통해 확인해 주세요.

▲그림 22-13 영상의 제목 – 런웨이 GEN3 예제 13

여기서 잠깐
이 영상에서는 이동하는 자동차들이 생성됩니다. 뒤의 배경에 집중해 주세요.

따라하기

22-7 클로즈업과 로우 앵글, 머리카락의 움직임

01 먼저 시작 이미지입니다. 아래에서 여성을 바라보는 앵글입니다.

02 최종 생성된 영상입니다. QR코드를 통해 확인해 주세요. 이 영상의 결과물은 모두 다릅니다. 이 결과물보다 뛰어날 수도 부족할 수도 있습니다. 마음에 드는 영상이 생성될 때까지 3~4차례의 시도가 필요합니다.

▲그림 22-14 영상의 시작 부분으로 사용할 이미지

▲그림 22-15 영상의 제목 – 런웨이 GEN3 예제 14

여기서 잠깐

이 영상에서는 아래에서 보는 앵글(로우 앵글)로 시작하여 카메라가 줌인 되면서 하이 앵글로 변환되는 모습에 집중해 주세요.

이미지 한 장으로 영상을 만들기 / 313

마치며

두 장의 이미지를 사용할 때보다는 정밀도가 떨어지고, 디테일이 아쉬운 모습이 많이 보였습니다. 또한 과감한 동작이나 피사체의 각도에 따라서 많은 학습이 아직은 필요하다는 것을 느꼈습니다. 그럼에도 불구하고, 단순한 형태의 구도는 소화가 가능하며 프롬프트와 결합할 경우 더 안정감 있는 결과물이 나올 수 있는 가능성을 보았으며 이를 토대로 다음 장은 프롬프트를 사용하여 카메라 모션을 적용하는 영상을 만들어 보도록 하겠습니다. 추가로 이번 장에서 영상 제작에 실패한 이미지들은 다음과 같습니다. 참고해 주세요.

▲그림 2-16 영상 제작에 실패한 이미지들

이미지 한 장으로 영상을 만들기 / 315

23장

이미지 한 장과 프롬프트의 활용, 카메라 움직임

앞 장에서 런웨이 GEN-3 Alpha Turbo의 기능 중 이미지 한 장을 이용해 영상을 생성해 보았습니다. 그런데 영상을 내가 원하는 형태로 제어를 하고 싶지 않나요? 내가 원하는 결과물에 가깝게 나오도록 생성하는 방법이 "프롬프트"를 이용하는 것입니다. 총 2개 장에 걸쳐 프롬프트에 대해서 예제를 통해 익혀 볼 텐데요. 모든 경우를 예제로 제작할 수는 없으므로 가장 유용한 프롬프트 유형을 선정하였으며 크게 "카메라의 움직임"과 "모델의 움직임"을 제어하는 방법에 대해 익힐 수 있습니다. 예제마다 QR 코드를 통해 생성된 영상을 확인할 수 있습니다. 더 쉽고 빠르게 예제들을 미리 보기를 원할 경우 유튜브에서 "지성민의 생성형AI"를 검색해 주세요. 구독을 할 경우 더 편하게 예제를 볼 수 있습니다.

이번 장을 익히면 얻는 것

휴대폰으로 QR코드가 안내하는 링크를 따라가 보세요.

Warming Up

Runway ML 활용, 세 번째

앞 장에서 다룬 런웨이를 사용한 영상 제작법을 총 5개 장에 걸쳐 진행하고 있습니다. 이번 장은 네 번째 이야기입니다.

런웨이로 바로 이동하려면?
https://runwayml.com

> 따라하기

23-1 카메라 줌인 연출하기

01 먼저 시작 이미지 한 장을 업로드하겠습니다.

▲그림 23-1 영상의 시작 부분으로 사용할 이미지

02 이 때, 업로드 영역 아래를 보면 프롬프트를 입력하는 영역이 있습니다.

▲그림 23-2 프롬프트 영역의 위치 – 붉은 색 사각형 영역

03 프롬프트에 다음과 같이 입력합니다.

> 📁 **프롬프트**
> "Camera movement closer to the subject"

위와 같이 입력하면 "피사체로 점점 접근하는 카메라 움직임"이 구현됩니다.

04 이제 "Generate"를 클릭하여 영상을 생성합니다. 최종 생성된 영상입니다. QR 코드를 통해 확인해 주세요. 이 영상의 결과물은 모두 다릅니다. 이 결과물보다 뛰어날 수도 부족할 수도 있습니다. 마음에 드는 영상이 생성될 때까지 3~4차례의 시도가 필요합니다.

QR 코드를 통해 생성된 결과물을 확인할 수 있습니다.

▲그림 23-3 프롬프트 영역에 "Camera movement closer to the subject"를 입력한 상태

▲그림 23-4 영상의 제목 – 런웨이 GEN3 예제 15

이미지 한 장과 프롬프트의 활용, 카메라 움직임 / 319

| 따라하기 |

23-2 카메라 회전 연출하기

01 먼저 시작 이미지입니다.

▲ 그림 23-5 영상의 시작 부분으로 사용할 이미지

02 과정은 첫 번째와 동일합니다. 프롬프트는 다음과 같이 입력해 주세요.

> 📁 **프롬프트**
> "Camera movement moves around subject"

위와 같이 입력하면 "피사체 주변으로 돌면서 촬영하는 카메라 움직임"이 구현됩니다.

03 이제 "Generate"를 클릭하여 영상을 생성합니다. 최종 생성된 영상입니다. QR 코드를 통해 확인해 주세요. 이 영상의 결과물은 모두 다릅니다. 이 결과물보다 뛰어날 수도 부족할 수도 있습니다. 마음에 드는 영상이 생성될 때까지 3~4차례의 시도가 필요합니다.

QR 코드를 통해 생성된 결과물을 확인할 수 있습니다.

▲ 그림 23-6 영상의 제목 - 런웨이 GEN3 예제 16

> 따라하기

23-3 드론 촬영 움직임 연출하기

01 먼저 시작 이미지입니다.

▲그림 23-7 영상의 시작 부분으로 사용할 이미지

02 프롬프트는 다음과 같이 입력해 주세요.

> 📁 프롬프트
> "Drone Camera movement"

위와 같이 입력하면 "드론 촬영처럼 피사체 위를 돌면서 촬영하는 카메라 움직임"이 구현됩니다.

03 이제 "Generate"를 클릭하여 영상을 생성합니다. 최종 생성된 영상입니다. QR 코드를 통해 확인해 주세요. 이 영상의 결과물은 모두 다릅니다. 이 결과물보다 뛰어날 수도 부족할 수도 있습니다. 마음에 드는 영상이 생성될 때까지 3~4차례의 시도가 필요합니다.

QR 코드를 통해 생성된 결과물을 확인할 수 있습니다.

▲ 그림 23-8 영상의 제목 – 런웨이 GEN3 예제 17

| 따라하기 |

23-4 카메라 줌 아웃 연출하기

01 먼저 시작 이미지입니다.

▲ 그림 23-9 영상의 시작 부분으로 사용할 이미지

02 프롬프트는 다음과 같이 입력해 주세요.

> 📋 **프롬프트**
> "Camera movement away from subject"

위와 같이 입력하면 "피사체에서 점점 멀어지는 카메라 움직임"이 구현됩니다. 피사체가 인물인 경우, 카메라가 점점 멀어짐과 동시에 어느 시점부터 피사체가 카메라에 다가오는 형식으로 영상이 생성됩니다.

03 이제 "Generate"를 클릭하여 영상을 생성합니다. 최종 생성된 영상입니다. QR 코드를 통해 확인해 주세요. 이 영상의 결과물은 모두 다릅니다. 이 결과물보다 뛰어날 수도 부족할 수도 있습니다. 마음에 드는 영상이 생성될 때까지 3~4차례의 시도가 필요합니다.

▲ 그림 23-10 영상의 제목 – 런웨이 GEN3 예제 18

23-5 정적인 카메라 움직임 연출하기

01 먼저 시작 이미지입니다.

▲ 그림 23-11 영상의 시작 부분으로 사용할 이미지

02 프롬프트는 다음과 같이 입력해 주세요.

> 📄 **프롬프트**
> "Static camera movement"

위와 같이 입력하면 "정적인 카메라 움직임"이 구현됩니다. 즉 카메라 움직임이 거의 없는 영상이 생성됩니다.

03 이제 "Generate"를 클릭하여 영상을 생성합니다. 최종 생성된 영상입니다. QR 코드를 통해 확인해 주세요. 이 영상의 결과물은 모두 다릅니다. 이 결과물보다 뛰어날 수도 부족할 수도 있습니다. 마음에 드는 영상이 생성될 때까지 3~4차례의 시도가 필요합니다.

▲ 그림 23-12 영상의 제목 - 런웨이 GEN3 예제 19

04 같은 방법으로 인물을 적용하면 어떻게 될까요? 먼저 업로드 이미지입니다.

▲ 그림 23-13 영상의 시작 부분으로 사용할 이미지

05 최종 생성된 영상을 확인하시면 카메라의 움직임이 적은 것을 확인할 수 있습니다. QR 코드를 통해 확인해 주세요.

▲ 그림 23-14 영상의 제목 – 런웨이 GEN3 예제 21

> **따라하기**

23-6 동적인 카메라 움직임 연출하기

01 이미지는 정적인 카메라 움직임과의 비교를 위해 5번째 시계 이미지와 동일한 이미지를 사용하겠습니다.

02 프롬프트는 다음과 같이 입력해 주세요.

> 📁 **프롬프트**
> "Dynamic camera movement"

위와 같이 입력하면 "동적인 카메라 움직임"이 구현됩니다. 즉 카메라 움직임이 조금 더 동적인 영상이 생성됩니다.

03 이제 "Generate"를 클릭하여 영상을 생성합니다. 최종 생성된 영상입니다. QR 코드를 통해 확인해 주세요. 이 영상의 결과물은 모두 다릅니다. 이 결과물보다 뛰어날 수도 부족할 수도 있습니다. 마음에 드는 영상이 생성될 때까지 3~4차례의 시도가 필요합니다.

▲ 그림 23-15 영상의 제목 - 런웨이 GEN3 예제 20

04   같은 방법으로 5번째와 동일한 인물 이미지를 적용하면 어떻게 될까요? 최종 생성된 영상을 확인하시면 카메라의 움직임이 5번째보다 동적인 것을 확인할 수 있습니다. QR 코드를 통해 확인해 주세요. 이 영상의 결과물은 모두 다릅니다. 이 결과물보다 뛰어날 수도 부족할 수도 있습니다. 마음에 드는 영상이 생성될 때까지 3~4차례의 시도가 필요합니다.

▲ 그림 23-16 영상의 제목 – 런웨이 GEN3 예제 22

마치며

원하는 카메라 움직임이 생성되었나요? 100퍼센트 만족할 수는 없지만 근접하게 생성되었기를 바랍니다. 이 밖에 카메라 움직임의 프롬프트는 더 다양합니다. Low angle, High angle, Shoulder shot 등의 여러 가지 카메라 앵글 용어들을 프롬프트에 입력하여 더욱 다양한 카메라 움직임을 구현해 보기를 바랍니다.

다음 장은 런웨이의 마지막 장으로써, 모델의 움직임을 제어하는 프롬프트에 대해서 알아보도록 하겠습니다.

24장

이미지 한 장과 프롬프트의 활용, 모델의 움직임

앞 장에서 런웨이 GEN-3 Alpha Turbo의 기능 중 "카메라의 움직임"을 프롬프트로 제어하는 방법에 대해 익혀보았습니다. 이번 장은 런웨이의 마지막 장으로써 피사체의 움직임을 프롬프트로 제어해 보도록 하겠습니다. 모델의 움직임을 예상 가능한 범위 내에서 생성하는 것은 스스로 이야기를 만들어 가는 시나리오 작가의 역할과 결을 같이 할 정도로 중요합니다. 간단한 키워드를 통해 피사체를 제어 해보도록 하겠으며, 예제마다 QR 코드를 통해 생성된 영상을 확인할 수 있습니다. 더 쉽고 빠르게 예제들을 미리 보기를 원할 경우 유튜브에서 "지성민의 생성형AI"를 검색해 주세요. 구독을 하실 경우 더 편하게 예제를 볼 수 있습니다.

이번 장을 익히면 얻는 것

휴대폰으로 QR 코드가 안내하는 링크를 따라가 보세요.

Warming Up

Runway ML 활용, 네 번째

앞 장에서 다룬 런웨이를 사용한 영상 제작법을 계속 이어갑니다. 이번 장은 다섯 번째 이야기입니다.

런웨이로 바로 이동하려면?
https://runwayml.com

따라하기

24-1 고개를 흔드는 연출하기

01　먼저 시작 이미지 한 장을 업로드하겠습니다.

▲ 그림 24-1 영상의 시작 부분으로 사용할 이미지

02　프롬프트에 다음과 같이 입력합니다.

> 📁 **프롬프트**
> "Shake (or Tilt) head"

위와 같이 입력하면 "피사체가 고개를 흔드는 움직임"이 구현됩니다.

03 이제 "Generate"를 클릭하여 영상을 생성합니다. 최종 생성된 영상입니다. QR 코드를 통해 확인해 주세요. 이 영상의 결과물은 모두 다릅니다. 이 결과물보다 뛰어날 수도 부족할 수도 있습니다. 마음에 드는 영상이 생성될 때까지 3~4차례의 시도가 필요합니다.

▲ 그림 24-2 영상의 제목 – 런웨이 GEN3 예제 23

따라하기
24-2 고개를 드는 연출하기

01 먼저 시작 이미지입니다.

▲ 그림 24-3 영상의 시작 부분으로 사용할 이미지

02 프롬프트는 다음과 같이 입력해 주세요.

> 📁 **프롬프트**
> "Raise head"

위와 같이 입력하면 "피사체가 고개를 들면서 위를 응시하는 움직임"이 구현됩니다.

03 이제 "Generate"를 클릭하여 영상을 생성합니다. 최종 생성된 영상입니다. QR 코드를 통해 확인해 주세요. 이 영상의 결과물은 모두 다릅니다. 이 결과물보다 뛰어날 수도 부족할 수도 있습니다. 마음에 드는 영상이 생성될 때까지 3~4차례의 시도가 필요합니다.

▲ 그림 24-4 영상의 제목 - 런웨이 GEN3 예제 24

따라하기
24-3 고개를 숙이는 연출하기

01 먼저 시작 이미지입니다.

▲그림 24-5 영상의 시작 부분으로 사용할 이미지

02 프롬프트는 다음과 같이 입력해 주세요.

> 📁 **프롬프트**
> "Lower head"

위와 같이 입력하면 "피사체가 고개를 숙이면서 아래를 응시하는 움직임"이 구현됩니다.

03 이제 "Generate"를 클릭하여 영상을 생성합니다. 최종 생성된 영상입니다. QR 코드를 통해 확인해 주세요. 이 영상의 결과물은 모두 다릅니다. 이 결과물보다 뛰어날 수도 부족할 수도 있습니다. 마음에 드는 영상이 생성될 때까지 3~4차례의 시도가 필요합니다.

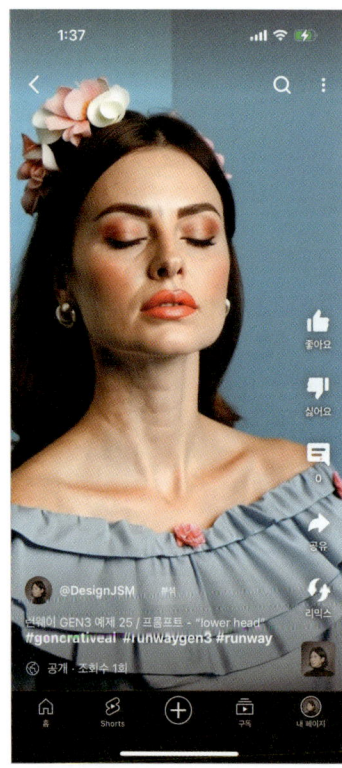

▲ **그림 24-6** 영상의 제목 - 런웨이 GEN3 예제 25

따라하기

24-4 머리카락을 만지는 연출하기

01 먼저 시작 이미지입니다.

▲ 그림 24-7 영상의 시작 부분으로 사용할 이미지

02 프롬프트는 다음과 같이 입력해 주세요.

> 📁 **프롬프트**
> "Slowly slick hair"

위와 같이 입력하면 "피사체가 손으로 머리카락을 쓸어 올리거나 만지는 움직임"이 구현됩니다.

03 이제 "Generate"를 클릭하여 영상을 생성합니다. 최종 생성된 영상입니다. QR 코드를 통해 확인해 주세요. 이 영상의 결과물은 모두 다릅니다. 이 결과물보다 뛰어날 수도 부족할 수도 있습니다. 마음에 드는 영상이 생성될 때까지 3~4차례의 시도가 필요합니다.

▲ **그림 24-8** 영상의 제목 – 런웨이 GEN3 예제 26

| 따라하기 |

24-5 V자 포즈를 취하는 연출하기

01 먼저 시작 이미지입니다.

▲ 그림 24-9 영상의 시작 부분으로 사용할 이미지

02 프롬프트는 다음과 같이 입력해 주세요.

> 📁 **프롬프트**
> "Hands forming a peace sign"

위와 같이 입력하면 "손가락으로 V자 포즈를 취하는 움직임"이 구현됩니다.

03 이제 "Generate"를 클릭하여 영상을 생성합니다. 최종 생성된 영상입니다. QR 코드를 통해 확인해 주세요. 이 영상의 결과물은 모두 다릅니다. 이 결과물보다 뛰어날 수도 부족할 수도 있습니다. 마음에 드는 영상이 생성될 때까지 3~4차례의 시도가 필요합니다.

▲ 그림 24-10 영상의 제목 – 런웨이 GEN3 예제 27

24-6 점프 동작 연출하기

01 먼저 시작 이미지입니다.

▲ 그림 24-11 영상의 시작 부분으로 사용할 이미지

02 프롬프트는 다음과 같이 입력해 주세요.

> 📁 **프롬프트**
> "High jump"

위와 같이 입력하면 "점프하는 움직임"이 구현됩니다.

03 이제 "Generate"를 클릭하여 영상을 생성합니다. 최종 생성된 영상입니다. QR 코드를 통해 확인해 주세요. 이 영상의 결과물은 모두 다릅니다. 이 결과물보다 뛰어날 수도 부족할 수도 있습니다. 마음에 드는 영상이 생성될 때까지 3~4차례의 시도가 필요합니다.

▲ 그림 24-12 영상의 제목 – 런웨이 GEN3 예제 28

따라하기

24-7 달리는 움직임 연출하기

01 먼저 시작 이미지입니다.

▲ 그림 24-13 영상의 시작 부분으로 사용할 이미지

02 프롬프트는 다음과 같이 입력해 주세요.

> 📁 **프롬프트**
> "Run"

위와 같이 입력하면 "달리는 움직임"이 구현됩니다.

03 이제 "Generate"를 클릭하여 영상을 생성합니다. 최종 생성된 영상입니다. QR 코드를 통해 확인해 주세요. 이 영상의 결과물은 모두 다릅니다. 이 결과물보다 뛰어날 수도 부족할 수도 있습니다. 마음에 드는 영상이 생성될 때까지 3~4차례의 시도가 필요합니다.

▲ 그림 24-14 영상의 제목 – 런웨이 GEN3 예제 29

마치며

원하는 피사체의 움직임이 생성되었나요? 100퍼센트 만족할 수 없지만 근접하게 생성되었기를 바랍니다. 이 밖에 피사체 움직임의 프롬프트는 더 다양합니다. raise your hand(손 올리기), laugh(웃기), Rest One's Chin on One's Hand(턱을 괴기) 등의 여러 가지 움직임을 프롬프트에 입력하여 더욱 다양한 피사체의 움직임을 구현해 보기 바랍니다. 런웨이로 제작한 영상을 인스타그램의 릴스 혹은 룩북 등의 영상 컨텐츠에 적극적으로 사용하는 계기가 되었으면 좋겠습니다.

25장

제품의 색상을 바꾸어 주는 AI

온라인 쇼핑몰 중 패션 분야에서는 세트 상품이라는 것이 있습니다. 동일한 제품을 여러 가지 색상으로 묶어서 판매하는 형태인데요. 티셔츠에서부터 니트, 아우터까지 다양하게 이런 세트 상품들이 존재합니다. 그런데 혹시 5가지 색상 중에 하나를 미처 촬영하지 못했다든가 아니면 아예 여러 벌을 촬영할 수 있는 환경이 되지 못했을 경우에는 어떻게 하면 좋을까요? 이 문제를 AI로 해결할 수 있는 쉬운 방법이 존재합니다. 지금부터 그 방법을 소개하도록 하겠습니다.

이번 장을 익히면 얻는 것

Warming Up

Vmake 소개

제품의 색상을 손쉽게 바꿀 수 있는 생성형 AI중에 "Vmake"를 사용해 보겠습니다. 색상을 바꾸어 주는 수많은 AI 중에 이 툴을 선택한 이유는 쉬운 난이도와, 정교하게 색상을 바꿀 수 있는 완성도가 그 첫번째이고, 다음 장에 연계할 온라인 광고를 만들 수 있는 템플릿을 제공하는 것이 두번째 이유 입니다. 이에 따라 총 2개 장에 걸쳐 사용법을 서술할 예정이며 첫번째 주제는 색상 바꾸기입니다.

Vmake는 유료 서비스를 제공합니다. 가장 싼 가격이 20개의 결과물을 생성할 수 있는 Pro의 4.99달러 요금제이며, 필요할 때마다 4.99달러씩 지불하여 사용하기를 권장합니다. 추후 이 툴의 활용 빈도가 높아지면 더 비싼 요금제로 업그레이드하면 됩니다. 구독을 해지하는 방법은 이 책의 30장을 참조해 주세요.

▲Vmake의 로고

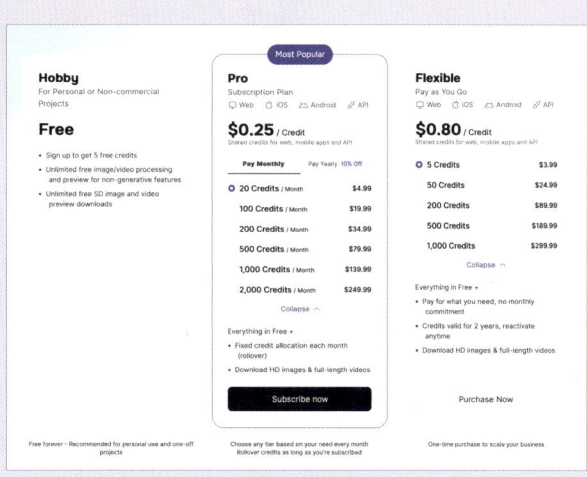

▲Vmake의 요금제

Vmake로 로 바로 이동하려면?
https://vmake.ai

시작하기

<u>01</u> 접속 후 시작 화면입니다.

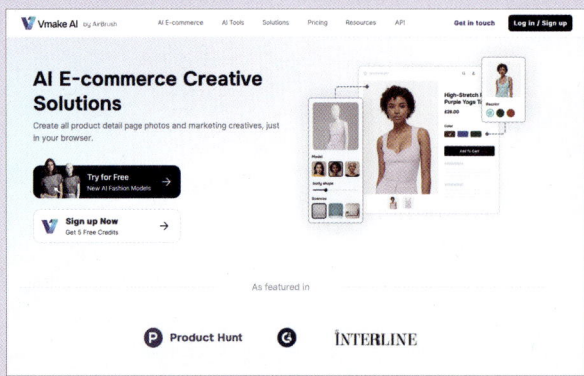

▲ 그림 25-1 Vmake의 시작 화면

<u>02</u> 구글 계정을 연동하여 회원가입 후 자동으로 로그인이 됩니다. 이후 화면이 바뀝니다.

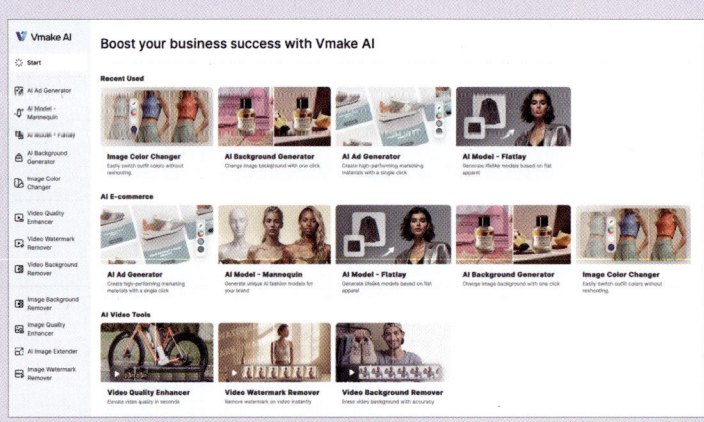

▲ 그림 25-2 Vmake의 로그인 후 화면

<u>03</u> 우리가 집중해야 할 기능은 두 가지입니다.
- Image Color Changer(제품의 색상을 변경하는 기능)
- AI Ad Generator(인공지능으로 광고 제작)

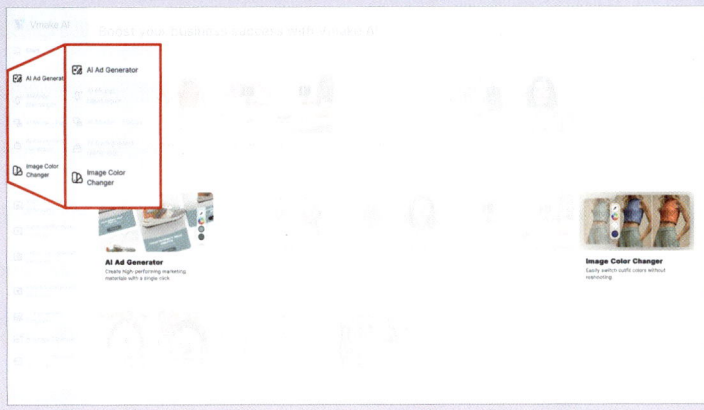

▲ 그림 25-3 AI Ad Generator와 Image Color Changer의 위치

04 이번 장은 두 가지 중 "Image Color Changer"에 대해서 알아보도록 하겠습니다. 그림 25-3을 참조하여 해당 기능으로 클릭하여 이동하면 됩니다. 그럼 다음과 같은 화면이 보입니다.

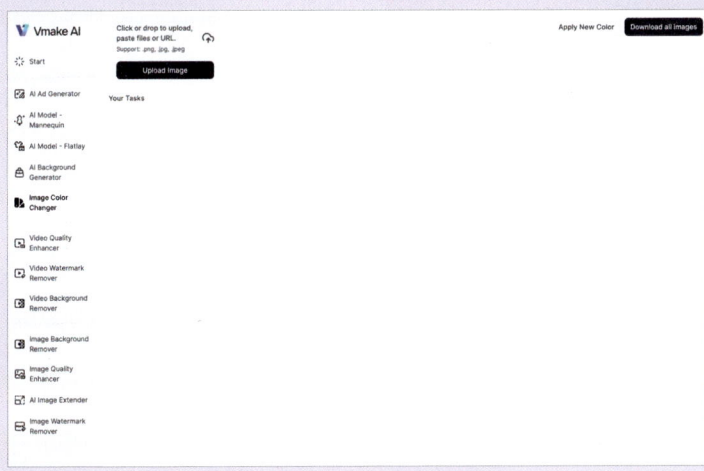

▲ 그림 25-4 "Image Color Changer"를 클릭한 후 화면

이제 준비가 끝났습니다. 예제를 통해 색상 바꿔 보기를 진행해 보도록 하겠습니다.

따라하기

25-1 트레이닝복의 색상 바꾸기

01 먼저 바꾸기 전의 원본 이미지입니다. 흰색 탑과 하늘색 레깅스를 착용하였습니다.

▲ 그림 25-5 원본 이미지

02 이제 원본 이미지를 업로드하도록 하겠습니다. ❶"Upload Image"를 클릭하여 업로드합니다.

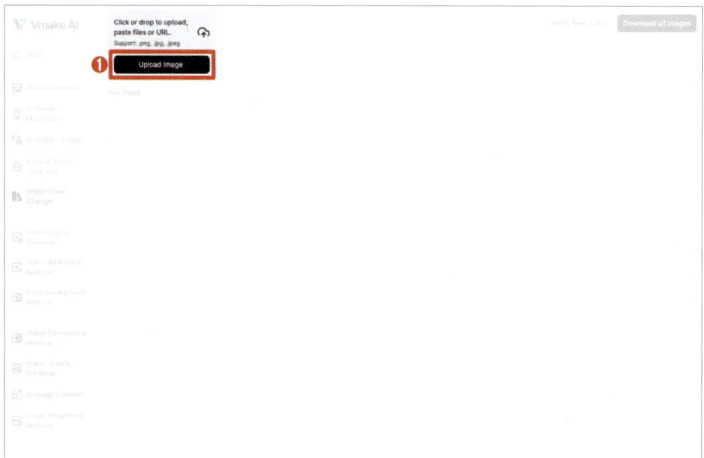

▲ 그림 25-6 "Upload Image"의 위치

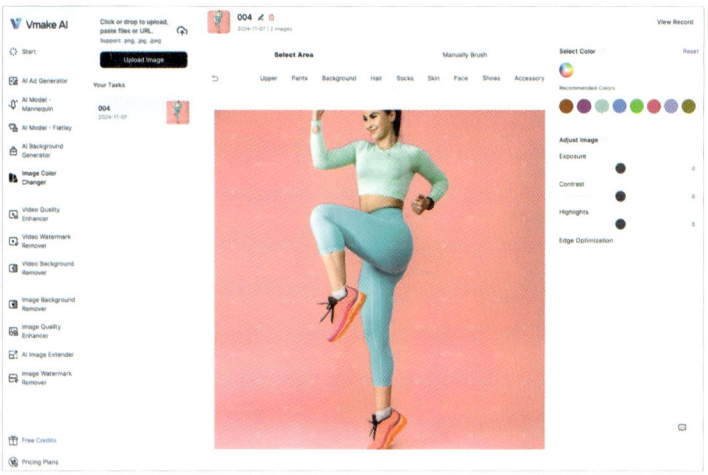

▲ 그림 25-7 업로드 후 화면(004는 파일명이므로 신경 쓰지 않으셔도 됩니다.)

03 이미지의 위쪽을 보면 인공지능이 인식하여 분할한 이름들이 버튼 형식으로 보입니다. 이 이미지는 다음과 같이 영역이 분할되었습니다.

- Upper(또는 Tops) – 상의
- Pants – 하의
- Background – 배경
- Hair – 머리카락
- Socks – 양말
- Skin – 피부
- Face – 얼굴
- Shoes – 신발
- Accessory – 액세서리

▲ 그림 25-8 이미지 위로 분할 영역이 자동으로 생성된 것을 확인할 수 있습니다.

04 먼저 레깅스 색상을 바꾸도록 하겠습니다. 위의 분할된 버튼에서 ❷"Pants"를 클릭합니다. 그러면 레깅스 부분에 색이 입혀지면서 선택된 것을 확인할 수 있습니다.

▲ 그림 25-9 "Pants"를 클릭하면 레깅스 부분이 활성화되는 것을 확인할 수 있습니다.

 위쪽의 메뉴를 클릭하지 않고 이미지에서 바로 레깅스를 클릭해도 선택이 됩니다. 편한 방법으로 진행해 주세요.

05 레깅스 선택된 상태에서 오른쪽 팔레트 부분을 클릭하면 색상이 바뀝니다. 원하는 색상코드(6자리 Hex코드)를 입력해도 되고 미세하게 조정을 하면서 원하는 값을 찾아도 됩니다.

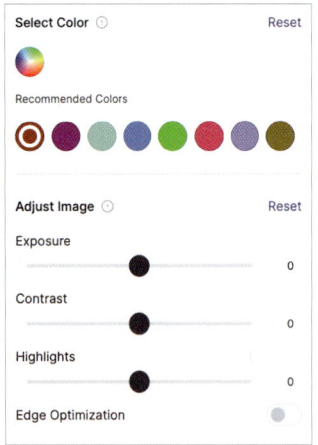

▲ 그림 25-10 색상을 변경할 수 있는 팔레트

팔레트의 기능 소개입니다.

- 무지개 색상의 원 – 색상 팔레트를 미세하게 조정할 수 있습니다.
- Recommended Colors – 8가지의 추천 색상입니다.
- Exposure – 빛의 노출 강도입니다. 오른쪽으로 갈수록 빛을 많이 받아들입니다.
- Contrast – 대비 강도입니다. 오른쪽으로 갈수록 밝은 부분과 어두운 부분의 차이가 큽니다.
- Highlights – 부분 조명의 강도입니다. 오른쪽으로 갈수록 빛을 많이 받는 부분이 더 밝아집니다.
- Edge Optimization – 피사체의 가장자리를 다듬어 줍니다.

06 그럼 레깅스를 선택한 상태에서 첫번째 추천 색상을 적용해 보겠습니다. Recommended Colors의 첫번째 동그라미를 클릭하세요. 적용 전에는 하늘색 레깅스였는데요. 오렌지색으로 바뀐 것을 확인할 수 있습니다.

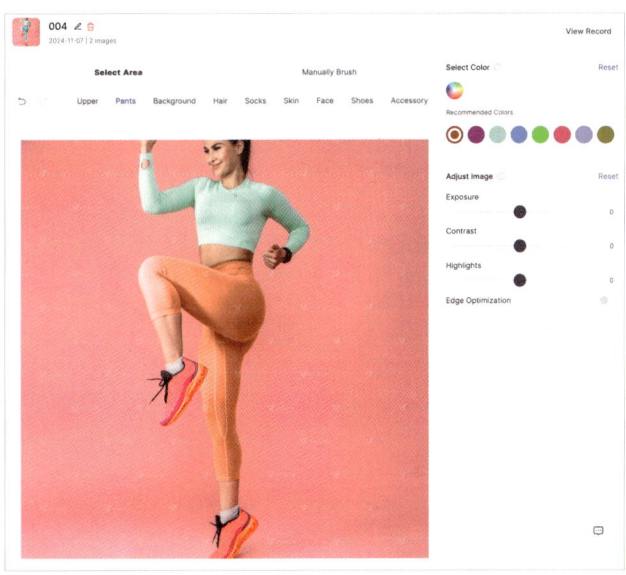

▲ 그림 25-11 Recommended Color의 첫번째 색상을 클릭한 상태

▲ 그림 25-12 색상 변경 적용 전/후 비교

07 한 가지 이상 복수의 제품 색상을 변경하려면 원하는 부분을 클릭하면 추가됩니다. Pants가 선택된 상태에서 Upper(또는 Tops)를 선택하면 두 개의 제품이 복수 선택됩니다.

▲ 그림 25-13 상의와 하의 두 영역이 동시에 선택된 상태

08 이 상태에서 이번에는 추천 색상을 사용하지 않고 팔레트를 사용해 보겠습니다. Select Color 바로 아래에 있는 무지개색 동그라미를 클릭하면 팔레트 영역이 확장됩니다.

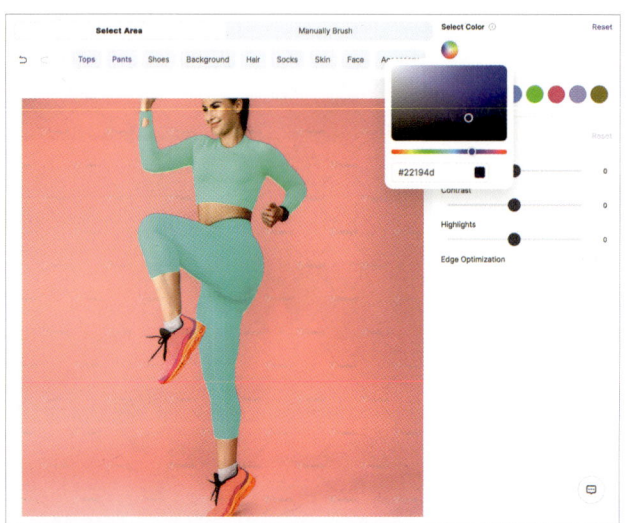

▲ 그림 25-14 이미지 오른쪽 상의와 하의 두 영역이 동시에 선택된 상태

09 이 팔레트에서 검은색에 가까운 쪽을 클릭해보겠습니다. 그러면 다음과 같이 상의와 하의 전부 검은색으로 바뀝니다.

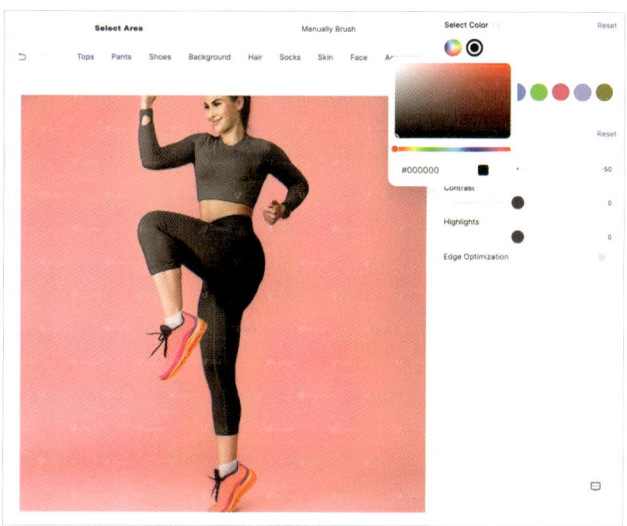

▲ 그림 25-15 옷이 검은색으로 변경된 것을 확인할 수 있습니다.

▲ 그림 25-16 색상 변경 적용 전/후 비교

10 작업이 완료되면 화면 위 오른쪽의 ❶"View Record"를 클릭하세요.

▲ 그림 25-17 화면 오른쪽 상단 "View Record"의 위치

11 이후 ❷"Download all images"를 클릭하면 이미지를 다운로드할 수 있습니다.

▲ 그림 25-18 화면 오른쪽 상단 "Download all images"의 위치

25-2 바지의 색상 바꾸기

01 먼저 원본 이미지입니다. 붉은색 바지를 입고 있습니다.

▲ 그림 25-19 원본 이미지

02 과정은 동일합니다. 파란색을 적용하면 다음과 같이 바지의 색상이 변경됩니다.

▲ 그림 25-20 바지의 색상이 변경된 이미지

따라하기

25-3 털모자의 색상 바꾸기

01 원본 이미지입니다. 오렌지 색 털모자를 쓰고 있습니다.

▲ 그림 25-21 원본 이미지

02 과정은 동일합니다. 그린 색상을 적용하면 다음과 같이 모자의 색상이 변경됩니다.

▲ 그림 25-22 모자의 색상이 변경된 이미지

25-4 양말의 색상 바꾸기

01   원본 이미지입니다. 민트 색 물방울 패턴의 양말입니다.

▲ 그림 25-23 원본 이미지

02   과정은 동일합니다. 오렌지 색상을 적용하면 다음과 같이 양말의 색상이 변경됩니다.

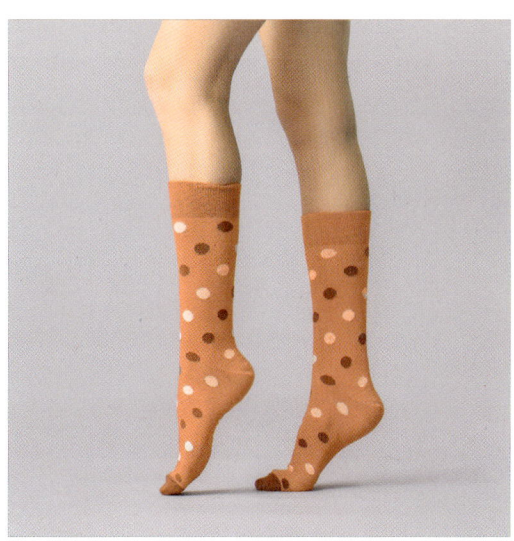

▲ 그림 25-24 양말의 색상이 변경된 이미지

25-5 의자의 색상 바꾸기

01 사람이 없고 사물만 있는 경우의 색상도 변경이 가능한 경우가 있습니다. 원본 이미지입니다. 밝은 회색 패브릭 의자입니다.

▲ 그림 25-25 원본 이미지

02 과정은 동일합니다. 검은색을 적용하면 다음과 같이 의자의 색상이 변경됩니다.

▲ 그림 25-26 의자의 색상이 변경된 이미지

> 따라하기

25-6 이어폰 케이스의 색상 바꾸기

01 사람이 없고 사물만 있는 경우의 색상도 변경이 가능한 경우를 하나 더 보여드리겠습니다. 원본 이미지입니다. 검은색 무선 이어폰의 케이스입니다.

▲그림 25-27 원본 이미지

02 과정은 동일합니다. 흰색을 적용하면 다음과 같이 케이스의 색상이 변경됩니다.

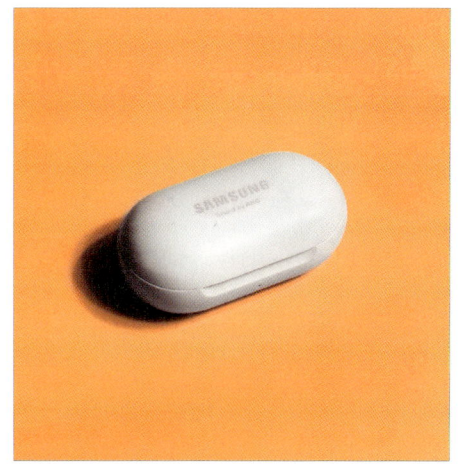

▲그림 25-28 케이스의 색상이 변경된 이미지

마치며

원하는 색상의 제품을 생성하셨나요? 이 기능은 간단하지만 어떻게 활용하는가에 따라 굉장히 유용한 툴이 될 수 있습니다. 또한 배경이 복잡하더라도 어느 정도 인식을 하는 AI 서비스이므로 기회가 된다면 더 많은 이미지들을 활용하여 여러 가지 색상의 이미지를 생성해 보세요. 그리고 실제 제품의 색상과 유사하게 만들어 보세요. 다음 장은 Vmake의 두 번째 내용으로 인스타그램에 게시할 광고를 만들어 보도록 하겠습니다.

26장

광고 배너를 만들어 주는 AI

글을 삽입하여 디자인한 이미지의 가장 대표적인 형태인 온라인 배너는 마케팅에 필수적인 요소로 자리잡고 있습니다. 포토샵 혹은 여러 가지 프로그램을 사용하여 간단하게 제작할 수 있지만 Vmake를 사용하면 매우 간단하게 기본적인 배너를 제작할 수 있습니다. 이전 장에 이어 제품의 색상을 바꾸어 보고 배너까지 제작해보는 일련의 과정을 예제를 통해 익혀보도록 하겠습니다.